S.F.
V.

Paolo Di Stefano

Letzte Reise nach Sizilien

Roman

Aus dem Italienischen von Thomas Lindquist

S. Fischer

Die italienische Originalausgabe erschien 1994
unter dem Titel »Baci da non ripetere« bei Feltrinelli, Mailand

Satz: Stahringer, Ebsdorfergrund
Druck und Einband: Clausen & Bosse, Leck
Printed in Germany 1996
ISBN 3-10-075113-2

Der Autor dankt der Stiftung Pro Helvetia

Meinen Eltern

Dedit oscula nato / non iterum repetenda suo

(Ovid, Metamorphosen VIII)

Curram post vocem hanc et apprehendam te

(Augustinus, Confessiones I.V)

Erster Teil

Ich verbringe die Zeit mit dem Entziffern von Zeichen, ich frage mich, was in den anderen Zimmern vorgeht. Dauernd erreichen mich Geräusche und Stimmen in diesem dunklen Zimmer, in diesem Bett, wohin das Leben gedämpft durch den Spalt der angelehnten Tür eindringt. Ich warte auf das Ende, ohne einen Finger regen zu können, ohne einen Ton hervorzubringen. Wenn jemand die Tür öffnet und der Halbschatten gelöscht wird durch ein hereinflutendes Licht, das ich als blendende Helle empfinde, schwinden die äußeren Geräusche, und ich höre ein schwaches Murmeln, unvollständige Sätze, Wörter in immer gleichem Tonfall, in gleichmäßigem Takt. Entschlossene Hände, kräftige Arme schieben mich von der rechten auf die linke Seite oder heben mich an und betten mich auf den Rükken. Manchmal biegen sie mir die Beine nach oben, und ich spüre ein kurzes, aber heftiges Rütteln. Einst bestürmten die Stimmen mich schallend, wie mit falscher Fröhlichkeit: Na, wie geht's heute? Und ich versuchte noch zu antworten mit dumpfen Lauten aus der Kehle, die nicht einmal ich zu deuten wußte. Es war ein Satz, der den Ablauf der Tage skandierte.

Keine Wiederholungen, die es mir erlauben, die Zeit zu messen, alles wird gleich, Stimmen und Lichter sind trübe geworden.

Aus dem anderen Zimmer glaube ich das Kreiseln der Waschmaschine zu ahnen, die Beschleunigungen der Trommel, das Pausieren und wieder Anlaufen, das Rauschen des Wassers im Waschbecken. Oder fernes Klingeln von Besteck, Klappern von Geschirr. Alles aber scheint sich regellos zu wiederholen, ohne Ordnung. Ich unterscheide nicht mehr zwischen Tag und Nacht. Würde eine längere Stille mich vermuten lassen, die Welt habe sich schlafen gelegt, schon kämen plötzlich eine Stimme, die Schläge eines Hammers, das Knallen einer Tür, um sämtliche Mutmaßungen in bezug auf die Zeit Lügen zu strafen. Nur ein schwaches Rascheln von Papieren durchzieht diese lange reglose Agonie. Das Gejammer der Frau, die ich mir neben meinem Bett sitzend vorstelle. Dieser Frau, die einmal meine Frau war und eines Abends, vor vielen Jahren, fortgegangen ist. Ihr demütiges, aber beharrliches Murmeln, das mir ins Hirn dringt, schmerzhafter als jeder Schmerz, qualvoller als ein Stich, der mir, vom Rückenmark ausgehend, die Eingeweide zerreißt.

Es passiert mir, daß ich das Auftreten des Leidens wie eine Befreiung erwarte, eine Ablenkung von diesem nachgiebigen, aber beharrlichen Jammern, unterbrochen nur von einem Hustenanfall. Dann überlasse ich mich den wenigen Geräuschen von außen, stell mir das Leben vor, das sich außerhalb meines Zimmers abspielt, sonst kehrt die Vergangenheit zurück.

Ich frage mich: Warum ist sie wiedergekommen, um meine Einsamkeit zu sprengen, um in den Schubfächern der alten Kommode zu kramen und wieder in diesen Briefen zu lesen, die ich eifersüchtig aufbewahrt habe, all die Jahre, die ich in der Fremde gelebt habe, eingesperrt in diese Wohnung mit den niedrigen Zimmerdecken, um zu warten. Zu warten, worauf? Daß sie wiederkommt? Oder daß ich selbst in mein Dorf heimkehre? Oder ganz einfach darauf zu warten, daß die Wartezeit meine Zeit auffrißt? Jetzt, als Gefangener meiner Reglosigkeit, möchte ich es hinausschreien, daß diese Briefe nur mir gehören, daß ich sie beim Tod meiner Eltern unterschlagen habe, um sie an mich zu nehmen und, versteckt in einem Winkel, die letzten zwanzig Jahre meines nicht gelebten Lebens zu bewahren. Und sie betrachten zu können, dann und wann, sie wiederzusehen und wiederzuerkennen in meinen eigenen Worten von damals: platt und fremd. Und, noch einmal, was ich mich immer wieder frage: warum ist sie wiedergekommen?

Meine lieben Eltern,
ich habe Euren Brief erhalten. Uns geht es gut. Ich schreibe Euch, um Euch mitzuteilen, daß ich beschlossen habe, die sterbliche Hülle unseres Kleinen zu bringen; ankommen werde ich, wie ich hoffe, am Palmsonntag (7. April). Ich habe zu diesem Zweck Urlaub genommen. Meine Frau kommt mit der Bahn. Ich bin sicher, der Kleine wird mir im Auto Gesellschaft leisten und mir helfen während der Fahrt. Ich habe auch beschlossen, keine Anzeige aufzugeben, so vermeidet

man, daß viele Menschen zusammenströmen. Schließlich hat die Totenfeier bereits stattgefunden. Ich habe hier schon einen neuen Kasten aus Hartholz bestellt, damit die Überführung bestmöglich vonstatten geht. Ich bitte Dich, lieber Papa, komm Du allein auf den Friedhof, wenn Du kannst, weil ich kein Aufsehen wünsche. Wenn Du willst, daß ich Dich abhole, nachdem ich die Leiche am Friedhof gelassen habe, werde ich selbst nach Hause kommen. Ich bitte Dich, diese meine Entscheidung und meine Wünsche dem Friedhofswärter und dem Pfarrer von Sacro Cuore zu übermitteln. Wenn Du zum Pfarrer gehst, bitte ihn, Tag und genaue Stunde der Messe zu bestimmen. Ich wünschte mir aber, daß es einige Tage nach meiner Ankunft sein möge, damit es während der Beisetzung kein Gedränge gibt. Ich dachte mir, daß es besser wäre, die Aussegnung des Leichnams unmittelbar vor der Beisetzung vorzunehmen. Außerdem bitte ich Dich, lieber Papa, frage den Maurer, ob er am Montag, dem 8., auf der Platte der Grabnische, in der die Leiche beigesetzt werden wird, einige Dinge befestigen kann, die ich mitbringen werde (die Fotografie des Kindes, eine Blumenvase, einen Sockel für die Ampel und zwei Engelchen). Ich hoffe, Ihr werdet mir bald antworten, ob es möglich ist, alle meine Wünsche zu berücksichtigen, damit ich mich darauf einstellen kann. Noch einmal bitte ich Euch, teilt keinem das Datum meiner Ankunft mit, aus den Euch genannten Gründen.

Er hatte eine weiße Kutte, so habe ich seinen kleinen toten Körper angekleidet. Ich telefonierte mit Pfarrern in der Stadt, um mich zu erkundigen, ob es möglich sei, gegen Bezahlung eine weiße Kutte zu bekommen, wie man sie zur Firmung ausleiht. Ich habe ihn sorgfältig angekleidet, bevor ich ihn in den Zinksarg bettete: ich habe den Kopf mit der Kapuze bedeckt, dann legte ich unter das Kinn ein großes, mehrmals gefaltetes Taschentuch, zum Aufnehmen von Flüssigkeiten. Zu Hause sammelte ich alle seine Medikamente ein und stopfte sie in eine Reisetasche: eilig bin ich losgefahren und hab die erste Kurve der Forca de San Martino erreicht. Bei dem Felsen habe ich, unter leichtem Regen, die Tasche geöffnet und die Schachteln ins dunkle Wasser des Sees geworfen, ich wandte mich ab, stieg in den Wagen und fuhr los, mit hoher Geschwindigkeit durch die feuchten Lichter des Stadtzentrums.

In tiefer Nacht fand ich meine Frau von einem Tremor geschüttelt, der mich erschreckte, so daß ich zuerst in Versuchung war, die Tür hinter mir zu schließen und wegzulaufen: kalter Schweiß mit Tränen vermischt, das Gesicht verzerrt. Sie atmete keuchend unter Jammerlauten und unverständlichen Wörtern. Vergeblich öffnete ich ihr die Bluse, um ihr das Gefühl der Beklemmung zu nehmen. Ich setzte mich neben sie und begann ihre nasse Stirn zu streicheln, aber nichts konnte sie beruhigen.

Ich kam näher, umarmte sie und küßte sie auf den Hals, wo die Adern bedrohlich hervortraten. So ließ das Zittern allmählich nach, und im Gesicht entspannten sich die Muskeln zu einem kaum angedeuteten Lächeln, das ihrem Blick und ihren Lippen eine scheinbare Heiterkeit verlieh. Dann wurde diese Gelassenheit immer wieder von Schluchzen und Zuckungen unterbrochen, die ihren erschöpften Körper schüttelten. Als sie, die Augen halb geschlossen, schräg herüberschielte, wie um sich meiner Anwesenheit zu versichern, löste sich der Knoten, der mir bis dahin die Kehle verschnürt hatte, in einem unbändigen, dumpfen Gelächter, das ich nicht zu beherrschen vermochte und das mir schmerzhaft das Zwerchfell verkrampfte. Ich hab mich aufs Bett geworfen und bin eingeschlafen, um alles zu vergessen.

Wir haben ihn auf einem Friedhof am Hügel begraben, vor einer kleinen Kirche, die den Ort überblickt, wo er seine kurze Kindheit verbrachte. Dann beschloß ich, ihn fortzubringen von dem Hügel. Nach einem Jahr ließ ich den Zinksarg exhumieren und im kleinsten Kreis eine Messe lesen, packte den Sarg auf den Rücksitz meines grünen Opel und brachte ihn tausendfünfhundert Kilometer weit nach Süden, in mein Dorf, wo ich in der Zwischenzeit eine schmucke Kapelle aus weißem und grauem Marmor hatte errichten lassen. Dorthin ließ ich alle Toten der Familie verlegen, von den ältesten, verstreut in Gemeinschaftsgräbern, bis zu den jüngsten. Dort wollte ich selbst beigesetzt werden.

Klar, es war eine Reise, anders als die anderen. Heute kann ich mich kaum erinnern, ob ich während der Nacht, auf der Autostrada, allein mit dem Sarg, mit ihm gesprochen habe, gebetet habe trotz meiner Abneigung gegen Gebete, ob ich Radio gehört und gepfiffen habe oder ob ich, was mir wahrscheinlicher vorkommt, schweigend nachgedacht habe, seit Jahren daran gewöhnt, frohgemut diese Strecke zu fahren, bei Radiomusik und leichten Liedern, angestimmt in der Freude, das Meer wiederzusehen. Das Pipi-Müssen, das mich zwang, auf der Standspur zu bremsen, die eilig gefutterten Panini. Er hatte seine Panini schon gegessen und Pipi genug gemacht auf den wenigen früheren Reisen. Diese Reise brachte ich auf einen Zug hinter mich, wie man einen bitteren Trank trinkt. Trotzdem brauchte ich keine Angst vor dem Tod zu haben, wie es vorkommt, wenn man lange Reisen unternimmt, denn der Tod war da, lag auf dem Rücksitz im Zinksarg. Ich konnte ihn im Rückspiegel sehen, hörte ihn pochen in den Kurven.

Warum wollte ich ihn fortbringen, den kleinen Leichnam, und gegen den Willen meiner Frau? Warum ihn vertreiben von jenem Hügel, der ihn dort unten hatte heranwachsen und sterben sehen? Um ein Grab zu finden, in eigener Erde. Wie oft habe ich den Stoßseufzer meines Vaters gehört, wenn ich ihn bat, für immer zu uns in die Schweiz zu kommen: Ich sterbe lieber im eigenen Haus.

Vielleicht werde ich sterben wie er, nach einer plötzlichen Besserung, einem letzten Aufschwung. Ich werde eines Morgens aufwachen und meine Frau beruhigen und ihr mit fester, heiterer Stimme sagen, daß alles vorbei, der Alptraum vorüber ist. Ich werde zu essen verlangen, zu trinken, und eine Zigarette rauchen wollen. Ich werde alle Kräfte sammeln, um einen Spaziergang im Wald zu machen, auf den Hügel.

Man hat ihn am Samstagvormittag aus dem Krankenhaus entlassen. Man hat ihn entlassen, obwohl der Arzt darauf bestand, uns keinerlei Hoffnung zu machen: er hätte ein Jahr leben können, oder nur einen Tag, aber sein Schicksal stand in seinem blassen Gesicht geschrieben, in seinen großen, müden und glänzenden Augen. Der Arzt hat die Arme ausgebreitet, als ich ihn zum hundertsten Mal fragte, wie lange ihm noch zu leben bliebe. Er empfahl mir, alle drei Tage wiederzukommen, wegen der Transfusionen und Untersuchungen, aber die letzte Krise könne unvorhersehbar eintreten. All seine Gesten und sein Gesichtsausdruck richteten sich auf das eine Ziel, uns jegliche Illusion zu rauben. Dennoch hat uns allein die Tatsache, daß er wenigstens vorübergehend aus dem Krankenhaus entlassen war, einen unsinnigen Schwung gegeben, ein unberechtigtes und unkontrollierbares Gefühl der Befreiung, das wir auch dem Kind vermittelten.

Mit leerem Blick schaute ich in die transparenten Augen meiner Frau, und jedesmal, wenn ich an ihr vorbeiging, um ein Spielzeug aufzuheben oder ein Hemdchen zusammenzufalten, blieb ich stehen, sah sie lächelnd an, küßte sie auf die Schläfe und warf ihr noch einen Blick zu, wie um ihr zu sagen: Siehst du, alles ist vorbei. Ich habe Blumensträuße und Konfekt an die Krankenschwestern verteilt. Ich fühlte mich leicht, empfand meine Schritte als fremd, wie von ferne, wenn sie sich über die weißen Fliesen bewegten, im Zimmer, dann auf dem Korridor, wieder im Zimmer. Meine Frau hat Claudio zugedeckt, als ob es Winter wäre, während man schon eine angenehme Frühlingswärme spürte, die sogar durch die dicken Mauern des Krankenhauses zu dringen schien.

Mein Vater hatte ihm ein großes Tretauto mitgebracht: dasselbe, das Claudio ihm bei einem kurzen Spaziergang am Nachmittag im Schaufenster eines Spielzeugladens gezeigt hatte. Im Krankenhaus wollte Claudio, mühsam strampelnd, den blanken Korridor entlangfahren. Er hielt nicht mal an, um Atem zu schöpfen, während er die weißen Wände entlang strampelte.

Er sagte zu mir:

– Warum hab ich diesen Fleck am Bein?

Ich antwortete:

– Du hast dich sicher gestoßen, beim Spielen.

– Aber sieh mal hier, weiter unten: noch einer.

– Das wird noch ein Stoß sein. Du mußt besser aufpassen beim Spielen.

– Du weißt, seit ich im Krankenhaus bin, bleib ich beim Spielen hier auf dem Bett.

– Aber sicher hast du einen Stoß abbekommen, zwei Stöße...

– Gestern war dieser Fleck viel kleiner, heute ist er größer.

– So ist es immer, wenn man einen Stoß abbekommt. Jetzt ist er blau, morgen wird er violett sein, übermorgen gelb, und dann ist er verschwunden. Du wirst schon sehen.

– Weißt du, warum es Blitze gibt?

– Weil die Wolken am Himmel zusammenstoßen.

– Warum gibt es den Donner?

– Weil die Wolken, wenn sie zusammenstoßen, großen Krach machen.

– Warum stoßen sie zusammen?

– Wenn ein starker Wind weht, stoßen sie zusammen.

– Aber woher kommt der Wind?

– Aus den Bergen.

– Böse sind sie, die Berge, weil sie den Wind kommen lassen.

– Nein, sie sind nicht böse.

– Und warum lassen sie also den Wind kommen?

– Weil es, wenn es keinen Wind gibt, nicht regnet.

– Besser, wenn es nicht regnet. Dann werden die Menschen nicht naß.

– Man kann nicht leben ohne Regen.

– Und warum kann man nicht ohne Regen leben?

– Weil ohne Regen die Pflanzen nicht wachsen und wir kein Wasser zu trinken haben.

– Kann man nicht leben, ohne zu trinken?

– Nein, ohne Trinken kann man nicht leben.

– Gibst du mir ein Glas Wasser? Ich hab Durst.

Claudio hat das Wasser auf einen Zug getrunken. Er strich sich mit dem Handrücken über die Lippen.

– Dann sind die Berge also brav, weil die Berge mir zu trinken geben.

– Ja, sie sind brav.

– Warum kann ich, wenn ich den Arm hebe, so, nicht den Himmel berühren?

– Weil der Himmel hoch ist.

– Wenn ich aber so groß bin wie der Opapa, werd ich den Himmel berühren können.

– Aber der Himmel ist viel höher.

– Und wenn die Berge brav sind, warum gehen wir nicht in die Berge?

– Zuerst mußt du gesund werden.

– Aber wenn die Berge brav sind, werden sie mich früher gesund machen.

– Die Berge sind brav, aber die Ärzte sind noch braver.

– Nein, die Ärzte sind nicht brav. Ich will in die Berge gehen.

– Du kannst nicht in die Berge gehen, weil es in den Bergen kalt ist.

– Dann sind die Berge also böse, weil sie die Kälte kommen lassen. Sie sind böse, ja?

– Ja, sie sind böse.

Ich bin mit einem Ruck erwacht, in jener Nacht damals. Ich weinte und schwitzte. Schluchzend fragte ich meine Frau, wo ist Claudio. Sie fuhr im Bett auf und legte mir die Hand auf die Stirn, um mich zu beruhigen. Schlaf weiter, hat sie zu mir gesagt. Ich spürte, wie Tränen über meine Lippen flossen. Geh und hol ihn, sagte ich zu ihr, immer noch schluchzend. Ich sah sie aufstehen und mit dem Kind im Arm wiederkommen. Sie legte ihn auf das Bett. Dann hab ich angefangen seinen Hals und seine Schläfen zu küssen, während Tränen auf sein blondes Haar und seine weiße Stirn fielen. Die wenigen Stunden der Nacht, die mich von der Dämmerung trennten, hab ich ihn an mich gedrückt. Erst am anderen Morgen ließ ich den Traum, den ich geträumt hatte, noch einmal vorbeiziehen und erzählte ihn ohne Schmerz, vielmehr ganz ruhig, meiner Frau.

Ich spazierte auf dem Bürgersteig, seine Hand in der meinen. Der Himmel war heiter, und die Sonne verbreitete eine bedrückende Wärme. Ein Durcheinander auf den Straßen und dauerndes Hin und Her von Autos und Motorrädern, die vorbeiflitzten und die Luft aufwirbelten. Vielleicht sollen wir ein Geschäft aufsuchen, das wir schon kennen. Vielleicht, nein, spazieren wir ohne Ziel. Eine Stadt im Norden, sagen wir, Paris oder London oder Wien oder Zürich. Ich weiß nicht. Die Leute laufen hektisch an uns vorbei, sie sind fremd. Meist sind es Greise, sie humpeln und ziehen schwere Karren hinter sich her. Wir sehen uns um, als ob nichts von alledem – die grauen Mietshäuser, die dicken Automobile, die Straße, die Passanten – uns etwas anginge. Aber da ist keine Traurigkeit in uns, nur Neugier, und das Unbehagen, sich an einem noch nie gesehenen Ort zu befinden. Trotz dieser schwülen Hitze tragen sie alle warme Kleidung, Wintermäntel und Hüte. Ich und das

Kind dagegen kurze Hosen und leichtes Hemd. Ich sehe etwas auf dem Bürgersteig gegenüber funkeln. Es könnte der Lichtreflex aus dem Schaufenster eines Ladens sein, oder ein kleiner Gegenstand auf der Erde. Kein Geräusch, trotz Verkehr und Menschenmenge. Aber dann passiert etwas Unvorhergesehenes. Das Funkeln lenkt mich ab, und das Kind reißt sich mit einem Ruck aus meiner Hand los. Es rennt los, dreht sich um, tut zwei Schritte auf die Straße, ich sehe es aus dem Augenwinkel. Ich finde nicht die Zeit, den Blick zu wenden, höre ein langes Bremsenkreischen und einen dumpfen Schlag. Der Himmel bleibt heiter, und doch entdecke ich einen großen Schatten, der sich über die ganze Stadt zu legen scheint. Geschrei erhebt sich, Rufe, die wirr durcheinander tönen, das Bremsenkreischen hält an. Ich sehe ihn rücklings auf dem Asphalt liegen. Ein Rinnsal Blut fließt unter dem Ohr. Ich sehe ihn atmen, und seine Wimpern zucken. Ich laufe los, will mich über seinen hingestreckt liegenden Körper werfen, aber jemand kommt mir zuvor, von oben herabschwebend. Der Schatten, der die Stadt verdunkelt, ist ein schwarzer Vogel mit riesigen Schwingen und langen Krallen. Er packt das leblose Kind, bevor ich es erreichen kann, und verschwindet im wolkenlosen Himmel. Die Stadt nimmt ihr Hin und Her wieder auf, und ich stehe und starre nach oben.

Du willst ihm das Leben verlängern, hat meine Frau gesagt, keineswegs beunruhigt durch diese Erzählung. Ich hab ihm das Leben verlängert, dachte ich. Sein Leben blieb jedoch, was es war, ein kurzes Leben. Und das meine, ganz einfach, ein nicht gelebtes Leben. Als ich beschloß, fortzugehen, haben meine Eltern gewußt, daß anderswo für mich kein Leben zu erwarten war.

Liebster Sohn,
wir antworten auf Deinen Brief und freuen uns zu hören, daß es Dir gut geht. Aus tiefem Kummer, den uns Dein Fortgehen bereitet hat, wollten wir Dir nicht schreiben, aber als Vater und Mutter können wir so was nicht tun, darum antworten wir sofort. Wir sind wie die Madonna, die, je mehr das Volk sie lästert, um so mehr verzeiht. Wir sind glücklich darüber, daß die Wohnung nah bei Deiner Arbeit ist, aber wir glauben immer noch, daß dies ein fremdes Land ist und Du ohne Grund fortgegangen bist, und niemand kann in der Ferne leben. Hier hattest Du keine Arbeit, hättest sie aber mit einiger Hilfe bald finden können. Schließlich hast Du studiert, und Leute mit Diplom gibt es nicht viele. Und Dein Vater hätte Dich unterstützen können, wenn auch mit einigen Opfern. Du weißt, wenn Ihr auch oft gestritten habt, ist jetzt alles vorbei, und stell Dir vor, welche Freude wir hätten, Dich wieder hier zu sehen. Aber wir hoffen, daß Du wenigstens gesund bleiben wirst. Jetzt ist es sechs Uhr abend. Wer Dir schreibt, ist Deine Mutter, Dein Vater wird gleich aufs Feld gehen. Deine Mutter kann nicht so gut laufen und muß sich begnügen mit dem, was sie hat. Wir bitten Dich, fahre bei schlechtem Wetter nicht Auto und

zieh Dich warm an, wenn es kalt ist, denn das Klima ist nicht wie bei uns. Wir freuen uns, daß Du immer neue Freundschaften schließt, aber hüte Dich vor falschen Freunden. Wir beenden jetzt diesen Brief und drücken Dich fest ans Herz. Wir küssen und umarmen Dich fürs ganze Leben. Dein Vater und Deine Mutter.

Mein Kopf muß aufhören zu denken. Ich darf nicht mehr nachdenken. Schlafen, und damit basta. Schlafen, trotz der raschelnden Papiere neben meinem Bett. Eine Leere finden und mich hineinfallen lassen. Ein Windhauch klopft schwach ans Fenster, noch schwächer war der Wind, der manchen Winter vom Meer wehte. Dies aber ist ein Wind, den ich kenne, die rauhe, frostige Luft der Berge. Wenn dieser Wind wehte, hab ich zu meiner Frau gesagt: Die Mütze, setz dem Jungen die Mütze auf. Ich habe kein Vertrauen zu diesem schneidenden Bergwind und dachte, auch er könne sich nie daran gewöhnen. Es rüttelt an den Jalousien, läßt die Scheiben beben. Es muß Herbst sein.

Meine lieben Eltern,
Ihr könnt Euch nicht vorstellen, welche Annehmlichkeiten es hier gibt. Allerdings haben wir fließend Wasser, warm und kalt, einen Kühlschrank, und außerdem läuft die Zentralheizung im Haus, und man leidet nicht unter dem strengen Klima. In unserem Haus (eine siebenstöckige Mietskaserne, bewohnt von sehr anständigen Leuten) gibt es eine Waschmaschine für die Wäsche.

Ich hoffe, Ihr werdet mir die Freude machen, auch wenn ich es nicht verdiene, wie Ihr meint, einmal zu kommen und den Unterschied zu unserer Heimat festzustellen. Gewiß, man muß arbeiten, aber ich verdiene gut und muß keine Überstunden machen. Aber vor allem habe ich eine sichere Stellung und ein sicheres Einkommen, auch wenn ich krank werden sollte. Die Arbeit gefällt mir. Die Versicherungsbranche ist hier sehr fortschrittlich. Ihr müßtet die Ordnung und Sauberkeit sehen. Ich habe einen eigenen Schreibtisch, eine Schreibmaschine und Stifte, kurz, alles was ich brauche. Sicher, es gibt auch Schwierigkeiten, und für mich besteht der Nachteil, daß ich keine Fremdsprache kann. Bald fange ich mit einem Deutschkursus an. Die neue Arbeit erlaubt es mir, Euch eine monatliche Summe zu überweisen, die Eure Lebensbedingungen verbessern wird. Ihr werdet sehen, auch für Euch wird alles leichter werden.

Zwölf Jahre sind vergangen. Sie trägt ein gelbes, schwarz geblümtes Kleid und einen leichten grauen Mantel: um halb elf hat sie die Tür hinter sich geschlossen und ist in die Nacht hinausgelaufen. Die Nachbarn hörten, wie sie die Tür zuschlug, als sei sie in Eile fortgegangen, dann hörten sie ihre Schritte auf der Treppe. Warum hat sie nicht den Aufzug geholt, wie immer? Zehn Minuten später sah man sie um die Ecke biegen und den Weg zur Hauptstraße einschlagen. Vielleicht hatte sie die Handtasche bei sich. Als ich nach Hause kam, hörte ich keinen Fernseher. Die wenigen Male, die ich am Abend ausging, erwartete sie mich vor dem Fernseher sitzend. Das Bett war unberührt, das Schlafzimmerfenster offen, wie immer. Alles war in bester Ordnung: die Küche, das Bad, mein Schreibtisch, die Schränke. Ich dachte: ein Spaziergang, aber um diese Zeit war es noch nie vorgekommen, daß sie spazieren ging. Ich dachte an ein Unglück und telefonierte mit den zwei Krankenhäusern der Stadt. Ich dachte an die engeren Freunde: Nein, wir haben sie nicht gesehen, nichts von ihr gehört. Ich dachte an ihre Mutter, habe aber nicht angerufen. Ich dachte an die anderen Mieter, aber es war zu spät, sie zu stören. Ich beschloß, mich auf die Couch zu setzen und zu warten. Ich habe geraucht, bin aufgestanden und auf den kleinen Balkon getreten, habe von oben die dunkle, kalte Straße überblickt, den kleinen Platz vor der Post. Ich lief im Wohnzimmer hin und her, immer wieder, warf zornige Blicke nach dem Telefon.

Ich hörte das Fauchen des Fahrstuhls, lief auf den Flur und legte das Ohr an die Tür, ich merkte, wie das Geräusch weiter oben stockte. Dann nichts mehr. Ich öffnete leise die Tür, und die Dunkelheit im Treppenhaus machte mir angst.

Wir saßen schweigend auf den Sesseln im Wohnzimmer: ein Kollege von mir, seine Frau, mein Direktor, wie ich mich erinnere, in einem tadellosen grauen Anzug. Wir betrachteten die blanken Möbel von Cantù, die Kredenz, den falschen elektrischen Kamin, mit falschen Ziegeln, falschen Mauersteinen und einem Rauchfang aus Sperrholz, der bis an die Decke reichte. Endlich den Lüster aus hängenden Glastropfen. Meine Frau war im Bett, und ich hörte ihr Jammern. Als das Schluchzen in ein langgezogenes Heulen überging, stand ich auf, ging ins Schlafzimmer und legte ihr einen mit kaltem Wasser getränkten Lappen auf die Stirn. Sie beruhigte sich nach ein paar Minuten und begann wieder regelmäßig zu atmen, öffnete etwas die Augen und verzog den Mund zu einer Grimasse, die vielleicht ein Lächeln sein sollte.

Mitunter fand ich sie auch ohnmächtig vor und hielt ihr ein Fläschchen Eau de Cologne unter die Nase, was sie alsbald zu Bewußtsein brachte. Sie atmete tief und stieß ein mattes Wimmern aus. Dann habe ich gesehen, wie sie vom Kopf bis zu den Füßen erstarrte, sich mit den Händen ins Haar griff und mit aller Kraft zerrte, wie sie die Lippen zusammenpreßte und mit den Zähnen knirschte, während Speichel aus den Mundwinkeln floß. Sie griff sich ins Haar und riß daran und warf ihren steinharten Körper zuckend nach rechts und nach links. Ein paar Sekunden vergingen, bevor die Muskeln sich entspannten, bevor die Arme zur Seite fielen und der Kopf auf die Schulter sank.

Im Wohnzimmer sah ich niemanden mehr. Mir fiel auf, daß die Möbel aufgebläht waren, die Decke war höher, die Wände weiter entfernt, so daß der Raum mir vorkam wie eine riesige Turnhalle. Unter dem Bücherregal, auf der Seite liegend, den Kopf in die Hand gestützt, war Claudio. Er sagte nichts. Ich spürte meine Beine wanken, aber ich ging hinaus, um ein Glas Wasser zu holen, das auf dem Tischchen stand, und, mich nach ihm umdrehend, hab ich geflüstert: Auch für Claudio ein Schlückchen Wasser. Obwohl ich ihn nur von weitem sah, gab ich mir Mühe, ihm das Glas zu reichen, das zersplitternd auf den Teppich fiel. Ich weiß nicht, wer mich gestützt hat und zum Sofa schleppte. Als ich erwachte, hatte das Zimmer wieder seine üblichen Dimensionen angenommen, Claudio war weg, und mein Kollege, seine Frau und der Direktor sahen mich an.

Meine lieben Eltern,

ich führe hier ein ruhiges Leben, ich brauche auch nicht an andere Arbeit zu denken, um mein Gehalt aufzubessern, weil der Verdienst es mir erlaubt, einigermaßen gut zu leben und Euch einen monatlichen Betrag zu schicken. Übrigens, sagt mir bei dieser Gelegenheit aufrichtig, ob das Geld, das ich Euch überweise, genügt. Nach einem Jahr werde ich, wie Ihr wißt, eine Gehaltserhöhung bekommen. Der Direktor des Büros, in dem ich arbeite, ist sehr zufrieden mit meiner Leistung und behandelt mich wie alle anderen, schätzt mich wie einen Schweizer. Sicher, ich habe noch keine großen Bekanntschaften geschlossen, aber zu meinen Kollegen besteht ein Verhältnis gegenseitigen Respekts. Der Mann, mit dem ich häufiger Umgang habe, ist ein Angestellter aus Scicli, schon seit einigen Jahren in der Schweiz, er ist mit einer Deutschschweizerin verheira-

tet und hat zwei Kinder. Mit ihnen mache ich manchmal, meist am Sonntag, einen Ausflug in die nahen Berge, die bei schönem Wetter wirklich wunderbar sind. Ich bitte Euch aber, macht Euch keine Sorgen: wenn es regnet, bin ich sehr vorsichtig auf den Straßen, auch weil mein alter Fiat Seicento mir nicht erlaubt, längere Strecken zu fahren.

Es muß im Sommer '46 oder '47 gewesen sein. Mein Vater, mit seinem Schnurrbart, dessen Spitzen beinah die breiten Wangenknochen streiften, mit einem Strohhut auf dem Kopf, der die beginnende Glatze verbarg, mein Vater war auf ein paar Tage verschwunden, ohne jemandem Bescheid zu sagen. Er verschwand oft, die Leute sprachen im Dorf, und alle kannten die Gründe für sein Ausbleiben. Meine Mutter wollte es nicht glauben und tat immer so, als sei er für ein paar Stunden fortgegangen, um die Schafe aufs Feld zu treiben oder um Tiere zu kaufen. Er ging aber in andere Dörfer, wo er sich mit Frauen traf. Die Leute kannten ihre Namen, es waren junge Weiber. Er ließ die Schafe auf der Weide, nachdem er dem Burschen Anweisungen gegeben hatte und etwas Geld für sein Schweigen. Aber noch nie war er mehrere Tage ausgeblieben, und an diesem Morgen hat sich meine Mutter, nachdem sie die Milch und die Ricotta verkauft hatte, auf die Erde geworfen, sich das Haar gerauft und mit Fäusten auf die Brust geschlagen. Ich sagte ihr, um sie zu trösten, daß es wohl besser sei, wenn ihr Mann für immer fortbliebe.

Eine Nachbarin kam und sagte uns atemlos, man habe ihn auf der Straße am Bahnhof gesehen, er sei zurückgekehrt. Meine Mutter sprang auf, trocknete rasch die Tränen und ordnete ihr Haar. Zu mir sagte sie: Sprich kein Wort, mein Sohn, um der Barmherzigkeit Gottes willen, sprich kein Wort. In schwierigen Augenblicken sagte sie immer: um der Barmherzigkeit Gottes willen. Ich bin zu der alten Tante gerannt, ein paar Türen weiter. Schon sah ich ihn um die Ecke kommen, pfeifend und ausschreitend mit seinem selbstbewußten Schritt, wie immer. Ich roch den Jasminduft aus dem Park, nicht weit von unserer Straße.

Hinter dem Fenster, halb verdeckt von bestickten weißen Gardinen, hörte ich meine Mutter schreien unter den Hieben der Peitsche, die er immer am Gürtel bei sich trug. Mit der er morgens, auf dem Karren sitzend, der ihn aufs Feld brachte, das Maultier peitschte. Mit der er seine Frau zum Schweigen brachte, wenn sie es wagte, andeutungsweise vom Auf und Davongehen zu reden. Aber an diesem Morgen hatte meine Mutter ein paar Wörtchen mehr gesagt. Und er packte sie am Arm und schleppte sie auf die Straße, zog ihr den Rock hoch und stemmte ihr die Beine auseinander und warf sich auf sie, die sich hin und her wälzte.

Ich riß mich los vom Fenster, durch das ich gesehen hatte, wie meine Mutter sich aufbäumte und mein Vater sie ritt, während er die Leute zusammenrief. Damit sie kamen und sahen, daß er es mit seiner

Frau machte, und nur mit ihr. Ich stürzte in die Küche, wo meine Tante saß und vor sich auf den Boden starrte, ein schwarzes Tuch um den Kopf, mit ihren schwarzen Strümpfen, das Kleid fleckig und schwarz. Ich riß eine Schublade auf und packte das längste und schärfste Messer.

Liebe Eltern,
die Rückfahrt mit der Bahn verlief bestens, auch wenn wir mit drei Stunden Verspätung ankamen. Der Koffer, den Du mir mitgegeben hast, liebe Mamma, voll Zitronen, Mandarinen und Orangen, ist in Mailand aufgeplatzt, so schwer war er. Natürlich war der Zug brechend voll mit Reisenden, die auf den Gängen am Fußboden schliefen. Man konnte kaum die Toilette erreichen. Wir haben also gut daran getan, Plätze zu reservieren, weil über die Weihnachtsfeiertage viele Arbeiter unterwegs sind.

In einer klaren Nacht wie dieser mochte man denken, was immer man wollte. Sich erinnern an unsere Begegnung und all die klaren Nächte, die wir zusammen verbracht haben. Gemeinsam konnte man nachsinnen und sich in die Augen schauen oder allein sitzen im Garten, der dieses steinerne Haus zwischen Bergen und Meer umgab. Klare Nächte wie diese waren sehr selten. Und man konnte sich vorstellen, daß diese Nacht etwas Besonderes geschehen würde. Etwas, das unser Leben verändert hätte. Doch es ist nichts geschehen. Ein fließendes, transparentes Blau, das die Umrisse von Olivenbäumen ahnen ließ, von Häusern, von fernen Glockentürmen. Ein fließendes Blau, das den regellosen Gesang der Zikaden umfaßte und den schrillen Ruf des Käuzchens, den herben Duft der Pflaumen, die über unseren Köpfen hingen, und unser beider Kindheit, die so verschieden war. Auch umfaßte es, dieses fließende Blau, die Wärme unserer nackten keuchenden Körper, die ersten Umarmungen in Hotelzimmern, auf Teppichen, am Strand von Vendicari, im dämmernden Licht des Abends, in anonymen Betten. Es umfaßte auch unser einstiges Glück, die Zärtlichkeit, unsere ungeduldigen Hände, unser Staunen, deine schlanken Fesseln. In diesem transparenten Blau schwamm unsere Vergangenheit: unsere Traurigkeit, unser Schmerz und unsere Tränen waren sich da begegnet, wie zufällig, in dieser fließenden Nacht. Unser totes Kind.

Es war eine klare Nacht. Das erste und letzte Mal, daß ich darauf verzichtete, den Urlaub in Sizilien zu verbringen. Vier Monate zuvor war Claudio gestorben. Diese Nacht waren wir allein im Garten. Wir sahen uns an voller Zärtlichkeit, beinah zitternd. Seit langem hatten wir solche Zärtlichkeit nicht gekannt. Wir haben uns an den Händen gefaßt und uns angesehen. Auch dieser Blick und diese Zärtlichkeit umschloß unsere Vergangenheit, schloß unser Kind ein. Aber mit einem zarten Schmerz, der alles Begehren überwand. Wir liebten ihn, diesen Schmerz, und dieser Schmerz einte uns. Dann lösten wir uns von diesem fließenden Blau und sind, uns an den

Händen fassend, in unser Zimmer gegangen. Ich zog mich aus, du hast dein leichtes Kleid zu Boden gleiten lassen. Wir legten uns aufs Bett und umarmten uns. Da war kein Begehren in dieser Umarmung. Dein kindlicher weißer Körper, den ich so viele Jahre liebkost und geküßt hatte, war mir jetzt fremd. Ich konnte ihn nicht mehr begehren. Und auch du bist reglos liegengeblieben und hast an die Decke gestarrt. Du hast deine Hand ruhig auf mir liegen lassen. Ich ließ den Arm auf deine Schulter sinken. Ich sah deinen reinen Atem. Du sagtest, du wärst wie tot. Auch ich habe mich tot gefühlt. Wir berührten uns mit bleichen Lippen und sind in den Schlaf gesunken. Jetzt, da ich wie tot bin, bist du wiedergekommen, und manchmal berührst du meine Lippen, wie damals. Ich hätte nie geglaubt, du würdest wiederkommen.

Liebe Eltern,
unser Vetter Enzo und seine Frau Vittoria waren bei uns zu Besuch und brachten uns gute Nachrichten über Eure Gesundheit, abgesehen von dem Päckchen, für das auch meine Frau sich bedankt. Wir verlebten zwei sehr schöne Tage und machten Ausflüge an den See und in die Berge der Umgebung. Die beiden werden Euch von der Wohnung erzählen, in der wir leben, sie ist nicht sehr schön, bietet uns aber allen Komfort: Kühlschrank, Waschmaschine etc. Durch die beiden lasse ich Euch den monatlichen Betrag von 70 000 Lire zukommen. Das Ungeborene strampelt schon wie ein Pferdchen und ärgert sich anscheinend über uns. Wir

sind ganz ungeduldig, sie oder ihn möglichst bald kennenzulernen.

Mit der Krankheit wird es schlimmer werden. Manchmal lastet mein Kopf wie ein riesiger kompakter Felsblock auf mir. Ich habe das Gefühl, als genügte eine rasche Bewegung, damit er vom Hals fällt und in wer weiß welchen Abgrund kollert. Ein andermal fühle ich mich leicht wie ein Vogel und scheine munter in unvorstellbare Höhen zu fliegen, wo es keine Schwerkraft mehr gibt. Das hellblaue Land überblickend, das sich unter meinen Flügeln dehnt, lese ich dann noch einmal in klarsten Großbuchstaben meine Vergangenheit. Jetzt erinnere ich mich in allen Einzelheiten an die Vorbereitungen und die Abreise. Ich habe Berechnungen angestellt, die Landkarte angesehen, die ich schon kannte, und beschlossen, ich könnte es in knapp vierundzwanzig Stunden schaffen. Losfahren würde ich am Nachmittag um sechs, ich würde die Nacht hindurch fahren, bis zum Morgengrauen, in Neapel würde ich halt machen, um zu tanken und Kaffee zu trinken. Dann ginge es in hohen Kehren durch die Campagna und durch Kalabrien, durchs Tal der Lucania, und gegen Mittag würde ich übersetzen. Das letzte Stück, die Küste entlang, würde mir kurz erscheinen.

Der Zoll war von meinem Übertritt informiert, die Formalitäten erledigt. Ich erinnerte mich gut an das Weiß des Zinkblechs, das nach einem Jahr unversehrt geblieben war. Es regnete an diesen Morgen. Die Arbeiter des Bestattungsinstituts haben den Sarg mit zwei langen Seilen emporgehoben, und in strömendem Regen half ich ihnen, ihn in die Kirche zu tragen, wo der Priester die Messe lesen und den Segen sprechen würde. Die Gruft, die ihn ein Jahr lang beherbergt hatte, gehörte einer Familie am Ort, die für ein mäßiges monatliches Entgelt einen Platz auf den höheren Etagen ihrer Grabstätte bereitgestellt hatte. Da es ein Familiengrab war, bat man uns, Claudios Namen und die Fotografie nicht anzubringen. Während seiner Krankheit habe ich nie an den Tod gedacht und mich um nichts gekümmert, schon gar nicht um ein Grab. Vom Hügel herab, dachte ich, könne er unser Haus sehen, und wir könnten vom Küchenfenster den Glockenturm erkennen, unter dem sein Körper lag. Von ferne konnten wir miteinander sprechen.

Der Sarg blieb bis zum Nachmittag in der Kirche. Neben dem Sarg kniete meine Frau auf den Stufen, die zum Altar führten, und betete mit geschlossenen Augen, sprach mit dem Kleinen. Nachdem ich den Rücksitz umgelegt hatte, brachte ich im Wagen den hölzernen Kasten unter, der den Sarg aufnehmen sollte. Vor kurzem hatte ich einen Opel aus zweiter Hand gekauft und ihn in Raten bezahlt. Mehrmals hab ich die Größe des Innenraums ausgemessen, um mich zu vergewissern, daß der Sarg hineinpaßte. Es war ein riesiges und stabiles Auto, das ich ein paar Jahre später schweren Herzens verkauft habe: mit dem Wagen, so schien es mir, verkaufte ich die Erinnerungen an diese Fahrt. Ich wußte also, daß der Sarg, gut verschalt, mühelos hineingehen würde. An die Seiten stopfte ich zusammengefaltete Tücher, um lästiges Klopfen zu vermeiden. Nach der Messe und der Aussegnung, von der ich niemanden benachrichtigen wollte, gab ich meiner Frau einen Kuß und fuhr los. Sie, die sich mit aller Macht einer Überführung widersetzt hatte, würde mir mit der Bahn folgen.

Liebste Eltern,
der Kleine gedeiht prächtig. In einem Monat hat er anderthalb Kilo zugenommen. Er hat blaue Augen und helles Haar (von wem wohl?), er ist glücklich, wenn auch ich zu Hause bin, er ist ruhig, und während wir essen, schaut er uns aus seinem Stühlchen an und zeigt schon ein Lächeln. Er weint, wenn niemand in seiner Nähe ist, sonst nur, wenn er Hunger hat oder sich naß gemacht hat. Und nun bringt er schon einige Laute hervor. Kurz, wir sind wirklich glücklich.

Ich umarme sie. Ich halte sie fest, von hinten. Ich mache knappe und regelmäßige Bewegungen. Ich begrabe mein Gesicht in ihrem dichten Haar. Von hinten ist es einfacher, so zu tun. Sie aber tut nicht nur so und verhakt die Beine in meinen. Und drängt, unbewegt auf der Seite liegend. Ich umklammere sie und tu so, als begehrte ich sie, aber nur, um sie an plötzlichen Bewegungen zu hindern. Zum Beispiel, daß sie mir das Gesicht zuwendet. Sie drängt, und ich stoße ohne Begehren und begleite jeden Stoß mit einem dumpfen Laut aus der Kehle. Ich lasse los und greife mit entschlossener Hand nach ihrer Brust, einst viel kleiner und fester, jetzt zu schlaff. Aber ich tu so, als sei ich erregt, und glaube, es wird ihr gefallen zu glauben, daß die Berührung mich erregt. Während ich immer noch klammere und sie immer noch drängt, zeichne ich mit dem Zeigefinger kleine Kreise um die Brustwarze, die fester wird. Ich fahre nach unten, überspringe aber den Bauch, auch er zu schlaff, und vergrabe die Finger im Haar. Ich stoße und dränge. Und auch sie drängt immer stärker, mit jähem Ruck und regelmäßig. Ihr Keuchen gefällt mir nicht, aber ich suche es mit dem Geräusch aus der Kehle zu begleiten. Ich fühle ihren heißen Rücken an meiner Brust. Ich spüre, wie sie sich anschmiegt und entfernt, sich anschmiegt und sich entfernt. Die Beine sind immer noch verhakt, und die Füße fahren jetzt meine Waden hinauf. Ihre Arme sind von den meinen gefesselt, damit ihre Hände nicht meinen starren Körper erforschen. Ich lockere meinen Griff, verlangsame meine Stöße. Auch ihr Drängen und Keuchen läßt nach. Ich spüre Schweißperlen zwischen meinem Bauch und ihrem Rücken. Ich lasse los und rolle mich langsam von der Seite auf den Rücken. Ich habe mich abgewendet und fahre mir mit der flachen Hand über die schweißnasse Brust. Erschöpft wie ich bin, fällt es mir nicht schwer, Erschöpfung zu zeigen. Sie bleibt auf der Seite liegen. Ich weiß, daß sie sich bald herumdrehen wird. Schweigen. Sie dreht sich um und sagt: Was ist. Ich sage: Nichts, es ist nichts. Wieso nichts, sagt sie. Ich sage: Müde, ich bin erledigt. Und denke mir, daß ich überhaupt nicht müde bin. Leer, vielleicht, aber nicht müde. Schon gar nicht erledigt. Sie dreht sich wieder zur Seite. Ich bleibe auf dem Rücken liegen, die Arme an den nackten feuchten Flanken ausgestreckt. Schweigen. Wir schlafen, ohne uns zu berühren.

Meine liebsten Eltern,
Ihr werdet mir Vorwürfe machen, weil wir die Waschmaschine angeschafft haben, aber vielleicht habt Ihr vergessen, wieviel Arbeit die Geburt eines Kindes für eine Frau mit sich bringt. Auch werdet Ihr mich tadeln, weil wir so häufig Ausflüge machen. Es sind allerdings keine kostspieligen Touren, weil wir abends immer nach Hause zurückkehren und Brötchen aus dem Papier essen. Und außerdem müßt Ihr verstehen, daß wir jung sind, und es ist kein Verbrechen, sich ein wenig Zerstreuung zu gönnen. Das Geld übrigens, das ich Euch versprochen habe, werdet Ihr regelmäßig jeden Monat erhalten, und auch in Zukunft werde ich meiner Verpflichtung Euch gegenüber nicht weniger nachkommen, und koste es einige Opfer.

Mein Sohn starb binnen anderthalb Monaten an Leukämie. Erkrankt ist er am 19. Februar und gestorben am Sonntag, dem 9. April. Einen Tag vorher war er aus dem Krankenhaus entlassen worden. Wir nahmen ihn mit zu unseren Verwandten. Bevor wir nach Hause kamen, wollte er vorbeifahren und sie begrüßen. Er kannte den Weg, sagte, nach rechts, nach links. Dort halten, dort. Auch das Haus kannte er, lief die drei Treppen hinauf, um Giuseppina zu umarmen, die vor ein paar Monaten geboren war. Nur vierundzwanzig Stunden später war er tot. Aber am Sonnabend ist er die Treppe hinaufgesprungen, hat Giuseppina umarmt, hat sie an sich gedrückt und hochgehoben für einen Moment, und alle umarmt in dieser dunklen Wohnung am Stadtrand von Mailand, wo ein entfernter Verwandter, den ich Vetter nannte, mit seiner Familie wohnt. Er aß viel und sagte, will einen Teller Spaghetti, die er hastig verschlang. Er sagte, will auf den Balkon hinaus, und ist auf dem Balkon herumgesprungen. Fahren wir jetzt nach Hause, sagte er, und wir sind nach Hause gefahren. Er hat Pizza gegessen. Er hat auch Fleisch und Gemüse gegessen. Spinat hatte er nie gemocht, aber er aß ihn trotzdem. Auf einen Zug trank er eine Tasse Milch. Dann ging er schlafen, in dem Bett, das in unserem Schlafzimmer aufgestellt war.

Zwischen diesen frischen weißen Laken fing er an zu röcheln. Meine Frau und ich beugten uns über ihn: bleich, der Mund halb offen, die Augen, die uns fixierten, sonderbar fragend. Meine Frau biß sich auf die Hände und rief seinen Namen. Wir haben ihn ins Auto gepackt und ins Krankenhaus gebracht. Vielleicht wußte ich, daß es so kommen würde. Auf der Intensivstation blickten seine Augen uns immer noch an, ruhig und groß und trocken. Dann, als die Augen plötzlich nach oben rollten und der Atem schwerer wurde, setzten sie ihm eine Maske auf, mit einem Schlauch für den Sauerstoff. Aber die Augen starrten nur zur Decke hinauf und stellten keine Fragen mehr.

Erst am Schluß kippten sie, groß und trocken und sehr klar, langsam nach unten. Eine Träne lief über seine Wange und blieb an der Lippe hängen. Ich habe ihn an den Schultern gepackt, ihn geschüttelt, seinen Namen gerufen, während meine Frau sich noch immer auf die tränenfeuchten Hände biß und schluchzte und flehte. Ich hab ihn geschüttelt und noch einmal seinen Namen gerufen. Um vier Uhr zwanzig drehte er die Augen nach rechts und tat einen tiefen Atemzug, unterstützt durch die Maske. Irgend jemand drückte ihm die Augenlider zu, zwei bleiche Vorhänge, die einen Spalt offen ließen, hinter dem man die glasigen Pupillen ahnte.

Als ich verstand, habe ich ihn auf das Kissen gebettet. Meine Frau hatte aufgehört, sich die Hände zu beißen, und faßte ihn an den Schultern, sie ließ den Kopf auf seine Brust sinken und schrie seinen Namen, dann faßte sie mich an den Schultern und ließ den Kopf wieder auf seine Brust fallen. Endlich warf sie sich an meine Schulter, griff sich mit beiden Händen ins Haar und warf schluchzend den Kopf hin und her. Alles war aus, und ich hatte verstanden.

Fast nichts hat sich verändert. Die gleiche Anordnung der Möbel, die Bilder, sein Zimmer ordentlich wie immer. Meine Hausschuhe fehlen, aber die Kleider sind da, aufgereiht im Schrank, die Hemden in Schubladen eingeräumt, in durchsichtigen Beuteln. Kein Staub, als wäre ich niemals fortgegangen. Ich habe meinen Platz wiedergefunden, habe dich wiedergefunden, ausgestreckt auf unserem Bett aus Kastanienholz, anderthalbschläfrig, wo wir uns einmal liebten. Auf diesem Bett werde ich dich sterben sehen. Ich habe die Tür für jeden versperrt, auch für die Krankenschwester. Ich sagte ihr: Von heute an bin ich da. Ich reagiere nicht auf das seltene Klingeln des Telefons. Ich will deinen Atem spüren und deine Gedanken denken, die langsam über das Kopfkissen fließen, und darauf warten, daß meine Gedanken die Luft erfüllen. Ich will, daß du meine Gedanken einatmest und sie akzeptierst, jeden meiner Gedanken, all meinen Schmerz, der zur Decke aufsteigt und dieses unser Zimmer überschwemmt, die Wände, die unsere Tränen aufgesaugt haben, das Lachen, das Seufzen, den leisen Atem unseres Kindes. In deiner Reglosigkeit sehe ich, wie die Gleichgültigkeit vor meinen alten Wünschen kapituliert, vor den Träumen, die ich geträumt und manchmal ausgesprochen habe vor dem Ekel, der sich auflehnte gegen deine Beharrlichkeit.

Liebste Eltern,
der Kleine ist wirklich ein Schatz, und wir können es kaum erwarten, ihn nach Sizilien mitzubringen, wo Ihr endlich sehen sollt, wie hübsch er ist. Ich bin sicher, er wird Euch sehr glückliche Stunden bereiten. Stets

hat er ein Lächeln auf den Lippen und läuft umher, als sei er schon ein Jahr alt, während er noch nicht mal sechs Monate zählt. Er wiegt achteinhalb Kilo, hat zwei Zähnchen und ißt alles. Ich hab ihm schon gesagt, er darf in ein paar Monaten den Großpapa am Schnurrbart zupfen.

Ich habe weitergelebt, aus Gewohnheit, aus Müdigkeit. Auch meiner Frau ging es so, glaube ich, aber keiner von beiden hat es je eingestanden. Die Nächte nach Claudios Tod, wir brachten sie hin, einer im Arm des anderen. Irgendwann ließ einer von beiden dann einen Jammerlaut hören, meistens war sie es. Man spürte die Tränen ins kalte Kopfkissen sickern. Ob sie es war oder ich, spielt keine Rolle. Wir hielten einander im Arm, in einem harten und stummen Schraubstock, wie automatisch. In dieser leidenschaftslosen Umarmung lauschte ich nach Claudios verlassenem Zimmer. Ich hörte ihn atmen auf dem Flur, und seine Atemzüge dehnten sich bis in die leere Kammer.

Ich hatte immer die Neigung, mich auf eine feste Vorstellung zu konzentrieren, wie auf eine Fotografie. In diesen Nächten, erinnere ich mich, sah ich Claudios Zimmer sich ausdehnen und zusammenziehen im Rhythmus meiner Atemzüge, wie eine riesige Lunge. Oder vielleicht war es sein Todesatem, denn ich assoziierte diese ungeheuerliche Vorstellung mit Claudios bleichem Gesicht, mit seinem aufgerissenen Mund unter der Sauerstoffmaske.

Meine liebsten Eltern,
dem Kleinen geht es gut. Ich kann Euch gar nicht sagen, welch eine Aufregung, wenn wir einkaufen gehen. Er packt das Erstbeste, was ihm in die Hände fällt, legt's in den Korb und will es haben, bis wir ihn überzeugen, unnötige Dinge liegenzulassen. Manchmal läuft er allein durch den Laden, dann sehen wir ihn mit einer Verkäuferin debattieren, die ihn schon in den Arm genommen hat und ihren Kolleginnen zeigt. Alle sagen, was für ein hübsches Kind er ist, und daß er wunderbare Augen hat. Immer verdient er sich ein Bonbon oder ein Stückchen Schokolade. Er singt alle Schlager vom Festival in San Remo, und wenn er fertig ist, macht er eine Verbeugung.

Wieder einmal liege ich ausgestreckt auf der Couch. Habe nicht mal die Schuhe ausgezogen. Mir ist kalt, vielleicht sollte ich mich zudecken: eine Decke, den Mantel. Die ganze Zeit saß ich vor dem Fernseher. Jemanden anrufen? wen anrufen, um diese Zeit? es noch mal bei den Freunden versuchen? den Sinn ihrer Worte enträtseln? oder die Polizei benachrichtigen? Zu früh. Oder aus dem Haus gehen. Warten, noch etwas warten. Nicht immer zum Telefon schauen. Lieber den Blick auf das große blaue Seestück vorn an der Wand richten, eine vertäute Barke, die Leine schlaff, das Wasser glatt, der Himmel dunkler an den Ecken, der Sand rein weiß. Der vergoldete Stuckrahmen zu wuchtig.

Bleibt nur noch die Mutter, klar. Morgen früh rufe ich ihre Mutter an: sie wird wissen. Vielleicht habe ich ein paar Minuten geschlafen. Ich trete wieder ans Fenster, schwarze Konturen von Pappeln und Kiefern, die Büsche, die großen Reifen im Depot, Umrisse von Autos. Diese Unbeweglichkeit lähmt mich, und ich wende mich ab, um die anderen Zimmer zu erkunden. Ich mache Licht, und der Schalterknopf gibt mir Trost. Das Schlafzimmer ist riesig, die Möbel stehen blank und fern da. Ich bringe die Kraft nicht auf, einzutreten, und bleibe auf der Schwelle stehen, um einen forschenden Blick auf die stummen Nippesfiguren zu werfen. Sie scheinen mir fremd, ihre Formen, und steigern die Stille ins Unermeßliche. Von weitem sehe ich sie an, wie man eine wilde Bestie ansieht, die bereit ist, sich auf dich zu stürzen. Alles in Ordnung, wie üblich. Mit zaghaften Schritten trete ich näher. Ich blättere im Sparbuch, das auf der Kommode liegengeblieben ist, halte es in der Hand, während ich Schubladen öffne, den Schrank. Ich schließe ihn hastig und lösche das Licht. Ich gehe ins Bad, und das Neonlicht blendet mich. Alles an Ort und Stelle, wie üblich, ich seh keinen leeren Platz, nichts fehlt: Parfümflaschen, Seifenstücke, die Handtücher ordentlich gefaltet, die Zahnpasta, ihre weiße Zahnbürste, die Handcreme.

Ich denke an ihre rauhen kleinen Hände. Neben der Wohnungstür sind die Pantoffeln, aber nicht in Reih und Glied, wie gewöhnlich. Ich schaue hinunter auf diese kleine Asymmetrie. Mein Körper ist leicht, in weiter Ferne, als schwebte ich hoch über dem grauen Linoleumboden. Auch aus der Küche kein

Zeichen. Das Geschirr. Ja, die Teller sind noch naß, und von den Gläsern tropft es ins Waschbecken. Sie muß erst vor kurzem gegangen sein, nachdem sie Geschirr gespült, Besteck abgetrocknet und das feuchte Geschirrtuch gefaltet hat. Erst vor kurzem ist sie gegangen: die Gewißheit macht mir Mut. Ich gehe wieder ins Wohnzimmer und setze mich auf die Couch. Ich denke an unseren Abschied, ganz normal: Ciao, ich erwarte dich, wirst du nicht spät kommen? Nein, nein. Mit den Lippen streifte ich ihre Wangen, wie üblich, und sie schaute mich an mit dieser Traurigkeit, die ich schon kenne. Ganz normal.

Aber, erinnerst du dich an unsere Reisen? Ich habe wirklich geglaubt, wir würden weite Fahrten machen. Wer weiß, wieso, wir sprachen oft von Frankreich. Ich habe daran geglaubt, du vielleicht auch. Wir kauften alle möglichen Landkarten und Reiseführer, klappten sie auf, verfolgten die Routen, zeichneten die Etappen ein: vor allem Paris, dann Tours und die Schlösser der Loire, danach die Provence, dann das Elsaß. Und Florenz und Venedig, München und Wien, und und und. Ich schaute den Eiffelturm an und dachte, wir beide dort oben, als Herrscher über die unbekannte Stadt, die uns zu Füßen hingestreckt lag wie einer dieser Perserteppiche, über die mein Vater so gut Bescheid wußte, ihre Farben und Muster und Knüpfarten, und die er mit sonderbaren Namen bezeichnete. Jetzt glaube ich: Paris, das mir so fern erschien, für dich war es vielleicht noch ferner. Unerreichbar. Wir haben immer gesagt: Nächstes Jahr in Paris, und danach Wien. Statt dessen dein Heimatdorf, die Häuser aus salzzerfressenem Bruchstein, die Mandelbäume, der feine Sand zwischen den Zehen, immer wieder das Meer, die Pizzeria am Strand, jedes Jahr die Morgendämmerung beim Castello, jedes Jahr ein Picknick am Fluß, Orangensaft, Fladenbrot, Wassermelonen. Und die Verwandten. Die Reihe dieser Verwandten, jedes Jahr älter und hinfälliger, die feuchten letzten Küsse, die weniger werdenden Zähne im weißlichen Zahnfleisch.

Und wieder klappten wir die Landkarten auf: Zürich, London, Amsterdam. Du wolltest mich umarmen, sagtest du, in einer riesengroßen Stadt, nichts mit Wiesen und Feldern, nichts mit Bergen oder verlorenen Seen. Mich wolltest du verloren wissen, in einer großen Stadt. Ich will Dich verloren fühlen, hast du gesagt. Und dich dann festhalten, festhalten, festhalten, hast du wiederholt, und mich ganz festgehalten, während du Namen berühmter Straßen und Routen aufzähltest, mit deiner albernen, aus dem Stegreif erfundenen Aussprache. Und jedesmal platzte ich vor Lachen, meine heiße Wange an deine gedrückt.

Allein habe ich am Küchentisch die Reiseführer und Landkarten aufgeschlagen, und abends, wenn du nach Hause kamst, nannte ich dir die Städte und Länder. Du aber hörtest nicht mehr hin, für dich klangen diese Namen wie die Litanei eines Gebets.

Dann habe ich auf dem roten Küchentisch all die Führer und Landkarten vor den Augen meines Kindes ausgebreitet, Augen voll Staunen und Lachen und sicherlich größer als alle großen Städte der Welt. Ich sah seinen kleinen Zeigefinger durch die Luft fliegen und an der ligurischen Küste landen, zwischen den Bergen und dem Meer. Laut lachend klatschte es in die Hände und drehte sich um und legte die Fingerspitze zwischen Berge und Meer. Die ganze Welt, wie sie dargestellt war auf diesen wirr über den Tisch gebreiteten Karten, war verschwunden, aufgesaugt von diesem winzigen dunklen, unbedeutenden Punkt an der Riviera von Ponente. All die Denkmäler und Kuppeln, die berühmten Straßen und Kathedralen, die leuchtenden Landschaften Südamerikas, die Schneeberge und die Wälder, die afrikanischen Wüsten, die Meere des Nordens, die Flüsse und Bäche und die Moscheen: alles verschwunden und konzentriert in einem einzigen, beinahe unsichtbaren Punkt. Während Claudio lachte und fröhlich jauchzte. Am Abend, als ich dir sagte, ich würde gern die Olivenbäume Liguriens sehen, hast du geantwortet: Diesen Sommer. Aber du hörtest nicht zu. Ich hatte aufgehört, dir zu glauben, aber ich dachte noch immer daran.

Meine lieben, lieben Eltern,
wie ich Euch telegrafisch mitteilte, hatten wir eine wunderbare Fahrt, bis auf die Tatsache, daß wir unterwegs fast immer von heftigsten Regengüssen begleitet

waren. Wie geplant, haben wir in der Nähe von Caserta im Auto geschlafen. Der Kleine war sehr brav, hat nie geweint, und erst jetzt, wo wir angekommen sind, fängt er mit seinen üblichen Kapriolen an. Er hätte gern, daß der Großpapa ihn von früh bis spät herumträgt, zum Spaß, wie er's dort tat. Er ruft nach ihm, er sehnt sich nach ihm und weint, wenn er sein Foto sieht, und erinnert sich an die gemeinsam verbrachten Sommertage.

Wochenlang ließen wir all seine Sachen in seinem Zimmer liegen; sie schienen schwerelos zu schwimmen, wie auf einem tiefen Meer. Nur Claudios Gegenwart konnte diesen Dingen ihr Gewicht wiedergeben: den Schuhen, Pantoffeln, dem Plattenspieler, all den fünfundvierziger Scheiben mit den Schlagern vom Festival in San Remo und den Märchen der Brüder Grimm, dem grünen Tretauto, das der Großvater ihm einen Tag vorher gekauft hatte, stabil und immer noch blank, mit Gangschaltung und dem kleinen schwarzen Lenkrad, ein Ford Lotus. Seinen bunten Bildern an den Wänden, dem Foto von Papst Johannes, im Rahmen aus falschem Messing. Warum fanden die Dinge ihr Gewicht nicht wieder? Wo war Claudio?

Nächtelang gingen mir diese Fragen durch den Kopf. Fand ich Schlaf, dann erwachte ich wieder mit einem Ruck, und dann sah ich ihn, blaß, mit aufgerissenem Mund und diesen klaren Augen, die mich fragend anstarrten. Die Frau hielt mich im Einschlafen immer fest umschlungen. Das Kopfkissen blieb naß und kalt. Ich aber schlief nicht und wartete auf die Dämmerung, stets in Versuchung, aufzustehen und die Tür zu seinem Zimmer aufzumachen und nachzusehen, ob die Dinge ihr Gewicht wiedergefunden hätten. Sein – Claudios – Gewicht. Aber nein, sie schwammen immer noch schwerelos in meinem Kopf.

Aufgestanden bin ich nie, glaube ich, auch weil die Arme meiner Frau mich festhielten in einem Schraubstock, aus dem ich mich nicht hätte befreien können. Und vielleicht wollte ich es gar nicht. Weil die Möbel knarrten und ich nicht fähig gewesen wäre, dem Dunkel entgegenzutreten. Wenn die Dämmerung dann durch die Jalousien sickerte und ich die ersten Regungen des Tages hörte, die ersten Schritte auf der Straße, die ersten Haustüren, die sich öffneten und schlossen, und wenn ich die Zimmerdecke vor Müdigkeit schwanken sah, drangen diese Atemzüge über den Korridor, aus seinem Zimmer zurückflutend, sanft in meinen Schlaf. Und endlich schlief ich.

Ich habe das Blut gesehen, das an den Schenkeln meiner Mutter hinunterfloß, ausgestreckt lag sie auf der Straße unter der wüsten Kraft meines Vaters. Ihr langes Haar aufgelöst. Sie verkaufte ihr Haar büschelweise an fliegende Händler, die es für Puppen sammelten. Dies war das einzige Einkommen meiner Mutter, zumindest im Alter. In ihrer Jugend, sagte sie, hatte sie Französisch unterrichtet, aber das glaubte ihr niemand. Auch deshalb, weil sie, wenn ich sie bat Französisch zu sprechen, ein paar Wörter brabbelte, mit einer Aussprache, die direkt lächerlich klang. Mare, das Meer? Amèr. Casa, das Haus? Mesò. Und dann schüttelte sie sich vor Lachen und entblößte ihr wulstiges Zahnfleisch und kniff die Augen zusammen, die hinter dicken Brillengläsern noch kleiner waren. Ich brauchte nur zu wiederholen: Mesò, Amèr, und schon platzte sie heraus und lachte Tränen. Mein Vater meinte, daß seine Schwiegereltern sie ihm als ein gebildetes Mädchen andrehen wollten, damals, als sie sie ihm zur Frau gaben. Morgens blieb sie zu Hause und kassierte das Geld, während zwei Burschen die Ricotta verteilten. Mein Vater sagte, seine Frau habe sich niemals mit Lab und Molke die Hände schmutzig gemacht und immer das Geld verwaltet, wie ein Mann. Abends zählte er dann die Lire zusammen, und wenn die Summe nicht stimmte, drohte er ihr mit dem Stock.

Ich habe das Blut zwischen ihren dürren Schenkeln gesehen, ich sah ihr nicht in die Augen, wie sie dort auf der Erde lag, die Beine noch immer gespreizt und die Fingernägel in den Leib gekrallt. Ich habe das Messer fester gepackt, als ich die funkelnden alten Augen meines Vaters sah, der jetzt den Strohhut aufsammelte und sich die Hose zuknöpfte. Ich habe Gesichter gesehen, von Frauen, hinter den Vorhängen niedriger Häuser. Ich habe mich vor meinen Vater hingestellt und vor ihm ausgespuckt, einen harten Strahl, der die lockere Erde vor seinen Füßen auffliegen ließ. Damals holte er aus den modrigen Schubfächern der Kommode die alte Pistole meines Großvaters. Mit der Pistole in der Tasche streifte er durch die Straßen der Stadt, und vielleicht wartete er auf die rechte Gelegenheit, mich zu überraschen, vielleicht suchte er mir auszuweichen.

Meine geliebten Eltern,
wie oft soll ich Euch noch einladen, über Ostern zu uns zu kommen: Ihr könntet bis Anfang Juli bleiben, und dann könnten wir zusammen nach Hause fahren. Schreibt mir sofort, gegebenenfalls, und ich werde Euch das Geld für die Reise schicken. Vergeßt aber nicht, falls Ihr Euch entschließen könnt zu kommen, daß Ihr fürs Ausland den Paß im Kommissariat abstempeln lassen müßt. Lieber Papa, der Kleine erwartet Dich und fragt jeden Tag, wann Du kommst. Ich verspreche es ihm unentwegt. Bitte, tu ihm doch den Gefallen. Es ist jetzt acht Uhr abend, er schläft schon seit halb sechs.

Nie konnte ich den Geruch der Haare leiden, die meine Mutter, in Papier eingewickelt, in den Schubladen der Kommode verwahrte. Ich seh die zwei Zimmer unseres Hauses vor Augen. Im einen sehe ich den Küchenherd, eine alte Kredenz, grün und weiß gestrichen, einen quadratischen großen Tisch, darauf eine Tischdecke aus schwerem Samt, mit langen, ausgefransten Troddeln. Wende ich mich nach links, so trete ich in das andere Zimmer, darin das Ehebett, überragt von einer riesigen Madonna in

Leuchtfarben, der schmerzensreichen Madonna, und einem Bildnis des pfeildurchbohrten Sankt Sebastian, ein wackeliger dunkler Schrank, eine Kommode mit Marmorplatte und ein Sofa, auf dem ich schlief. Der Küche gegenüber sehe ich den kurzen, aus Bruchstein gemauerten Stollen, dort hängen die Geräte für die Ricotta.

Unter dem Bett meiner Eltern sehe ich auch den Topf aus Emaille, aus dem ich nachts den kräftigen, blechern klingenden Strahl meines Vaters hörte. Morgens erwachte ich mit dem Geruch seines Urins. Und am Abend, bevor ich unter die Chenilledecke schlüpfte, schrie mein Vater mich an, ich solle den Topf ausleeren. Ich hab die dicke gelbe Flüssigkeit durchs Fenster gekippt, auf die Straße, aber diesen Geruch, der in die Wände und in die schweren Vorhänge eingedrungen war, ich spüre ihn noch heute.

Die wenigen Male, die ich im Dunklen mit voller Blase erwachte, habe ich meine Flüssigkeit mit der seinen vermischt und die feuchten Spritzer an den Schenkeln und auf dem Handrücken gespürt. Bevor ich wieder einschlief, beschnupperte ich meine noch feuchten Hände und war überzeugt, daß es mir gelingen sollte, meinen Geruch von seinem zu unterscheiden. Meine Mutter, wenn sie mal in der Nacht mußte, brachte den halbvollen Topf ins andere Zimmer. Ihr Geräusch kam mir anders vor, vielleicht weniger ekelhaft. Ich glaube, der Geruch ihrer Haare hatte den Pißgestank absorbiert.

Meine lieben Eltern,

auf unsere Einladung antwortet Ihr, daß Ihr wohl kommen würdet, wenn wir in Mailand wohnten. Darf ich Euch einmal sagen: was Euch fehlt, ist der Wille. Die Stadt, in der wir leben, ist kaum 80 Kilometer von Mailand entfernt, und nur dreißig von Como, also sind Ausreden überflüssig, auch weil wir Euch mit dem Auto in Mailand abholen könnten. Claudio ist wirklich ein Schelm. Wenn wir im Auto fahren, grüßt er nach allen Seiten. Die Leute hier sind sehr herzlich, und wenn sie einen so hübschen und sympathischen Jungen sehen, grüßen sie ihn alle. Wir danken Euch für alles, was Ihr geschickt habt, besonders aber für den Amaro und das Öl, die Linsen und Bohnen. Außerdem freuen wir uns, daß wir endlich das richtige Rezept für die Ricotta haben. Hoffentlich gelingt sie diesmal einigermaßen. Letztes Mal mußten wir alles wegwerfen.

Ich hab seine Zeichnungen in die Hand genommen. Meine Frau wollte sie aufbewahren. Mütter bewahren alles auf. Jetzt sind sie in einem blauen Karton versammelt, in einem Schrank in der Kammer. Ein mageres schwarzes Pferd, der Kopf weiß, mit grünen Flecken, die Beine sehr lang, das Hinterteil eckig, mit braunen Tupfen. Die Mähne ist grün, wie die Flecken am Kopf und der Schweif, auch dieser sehr lang. Die Schnauze hat waagrecht einen orangeroten Strich, das Maul. Die Augen sind länglich, wie orientalisch. Über dem Pferd ist ein kleines Mädchen, natürlich im Profil gemalt. Das Mädchen sitzt nicht im Sattel, es schwebt in der Luft, wie auch der Sattel. Von den Händen des Mädchens, es ist blond, verzweigen sich braune Linien, die zu Wolken werden und sich mit einem Wägelchen verbinden, immer noch braun, mit ovalen Rädern.

Ein orangegelber Vogel. Ja, es ist wirklich ein Vogel. Rundlich, mit einem einzigen Flügel und spitzen Schuhen, die Schnürsenkel gut sichtbar. Am oberen Rand ein dicker blauer Strich, der die Sonne verbirgt. Deutlich weiter unten, nach vielem Weiß, eine Frau mit großer rosa Schleife im Haar, sie schiebt einen Kinderwagen mit riesigen Händen, die größer sind als der Rumpf, größer als der Kopf, größer als ihr Rock, der ein hellrosa getüpfeltes Dreieck ist. Aus dem Kinderwagen richtet sich ein gelbes kleines Mädchen auf, mit langem schwarzen Haar, und sie beugt sich über eine schwarze Schnecke, die über das dichte Gras herankriecht.

Wieder ein Pferd, diesmal plump und mit einem Buckel, wuchtig der rote Körper, winzig der Kopf. Auch die Beine sind kräftig und komischerweise in der falschen Richtung geknickt. Vielleicht aus Erschöpfung. Das Pferd, endend mit einem spitzen Hintern, zieht einen hohen schwarzen Wagen, der eindeutig in der Luft hängt. Die Räder sind sehr klein. Ein Männchen, wie immer im Profil, hält eine lange Schleife in der Hand, die knapp den Rücken des Pferdes berührt. Vielleicht die Peitsche. Vom Kopf steigt eine Feuerzunge auf, als rote gewellte Haube.

Oft habe ich mich gefragt, wo sie jetzt sein mag,

diese Hand, die so selbstbewußte Spuren hinterlassen hat. Wir waren stolz darauf, meine Frau und ich, ein Künstler würde er werden, sagten wir. Davon waren wir überzeugt. Ein Künstler von festem Strich und entschiedenem Schwung, klassischen Formen, ein für allemal eingezeichnet. Wo mag sie jetzt sein, diese Hand, wo sind diese klaren Augen, die dem selbstbewußten Schwung der Hand folgten? Echte Augen waren es, lebendige. Es war eine echte, lebendige Hand, die diese klaren Linien gezeichnet hat, rein auf ein reines Blatt. Dieses Blatt, das ich jetzt betrachte. Das Blatt ist geblieben, und die Hand, die immerhin existiert hat, wie die Augen, sie gibt es nicht mehr. Ich stellte mir immer die Frage: Wo waren diese Hände? und diese Augen? Und diese Stimme, die ich nun wieder höre, auf diesem alten Tonbandgerät, festgehalten auf dem Band dieser Spulen? Wo war das alles? Oder war alles, die Hände, die Augen, die Stimme, nur ein Produkt meiner Einbildung? Dennoch existiert dieses buntbemalte Blatt, existiert diese singende Stimme. Die Fragen bewegen mich und lassen mir keine Ruhe. Geblieben ist ein orangerotes Pferd, ein Männchen im Profil, mit hoher Haube, wie eine züngelnde Flamme, ein helles Stimmchen, das singt, Amore ritorna le colline sono in fiore. Es gab eine unerklärbare Kluft zwischen diesen Spuren und meinem Bild von ihm. In dieser Leere wohnte unser Schmerz.

Ich sah das Blut an den gespreizten Schenkeln meiner Mutter hinunterfließen. Damals bin ich aus dem Dorf gerannt, mit dem gewetzten Messer in der Tasche. Ich hatte Angst vor meinem Vater. Vielleicht hatte auch er Angst vor mir. Ich wäre aber schon früher fortgelaufen: als er die Peitsche nahm und sie auf meine Mutter niedersausen ließ. Mehr als die Peitschenhiebe fürchtete meine Mutter meine Reaktion auf ihren Mann. Und jedesmal wenn ich reagierte und schrie, du Schwein, du bist ein Hurensohn, ließ er von meiner Mutter ab, warf die Peitsche weg und griff nach dem Knotenstock, der neben der Kredenz stand. Er kam näher, und jetzt war es meine Mutter, die schrie und ihn anflehte, mir nichts zu tun. Er aber kam näher, den Stock in der Hand, und sobald der Abstand es ihm erlaubte, zerschnitt er die Luft mit weit ausholenden Hieben, die ich herunterpfeifen und auf meinem Rücken landen spürte. Sah er mich dann gekrümmt und zitternd vor der offenen Tür, stellte er den Stock in die Ecke und nahm sich wieder meine Mutter vor, die er anschrie: Widerliche Schlampe. Dann legte er sich aufs Bett, mit offenen Augen und im Nacken verschränkten Armen, und wartete, bis man ihn zum Essen rief.

Oder ich wäre fortgelaufen, als er mich zum alten Bootshafen mitnehmen wollte, wo die Frauen waren. Er sagte: Wird Zeit, daß du an Frauen denkst. Und ich bin ihm schweigend gefolgt, die lange gerade Straße hinab, bis zu den matt wie Kerzen schimmernden Laternen und dem Gestank der Thunfischnetze, der mir, vermischt mit der feuchten Hitze, Ekel bereitete. Dann drückte er mir zwei Geldstücke in die Hand und stieß mich vorwärts. Er sagte: Ich wart hier auf dich, während der salzige Gestank nach Thunfisch und fauligen Algen mich zwang, den Kopf abzuwenden. Keinen Schritt würde ich in das schimmernde Halbdunkel der Arkaden tun, von wo ich das Meer leise an die Klippen schwappen hörte und von fern die Gestalten der Frauen stehen sah. Ich bin schleunigst davongerannt und sah ihn erst später am Abend wieder, zu Hause, noch wach auf seinem Bett. Zähneknirschend hat er mich angeschrien: Scham und Schande. Er hat auf den Boden gespuckt und sich weggedreht zum Schlafen.

Diesmal aber, mit dem Messer in der Hand, bin ich atemlos zum Bahnhof gelaufen und in den Triebwagen gestiegen. Dann bin ich umgestiegen, ohne zu wissen wohin, und bin in Mailand angekommen. In Mailand blieb ich drei Tage im Bahnhof. Dann bin ich in den Zug gestiegen und wieder nach Hause gefahren.

Geliebte Eltern,

ich bin glücklich, daß es mit Eurer Gesundheit besser geht. Und ich hoffe, lieber Papa, daß Deine Ohrenentzündung völlig ausheilt. Gibt es was Neues von der Kriegerrente? Denk daran, was Dir zusteht. Für unseren Urlaubsmonat bitte ich Euch, von der Signora Loreto, wie immer, das Haus am Meer zu mieten. Und, bitte, fragt nach dem Preis. Ich muß Euch daran erinnern, daß wir letztes Jahr 40 000 Lire bezahlten. Viel mehr möchte ich nicht ausgeben. Das Haus ist in Ordnung, weil es nah am Strand liegt und weil es bequem ist, wenn wir Euch zu Besuch haben. Wenn es Euch möglich ist, solltet Ihr aber die Sprungrahmen und Matratzen aus Eurem Haus mitbringen. Nun zählen wir die Wochen, die uns noch von der Abreise trennen, und meine Frau kann es nicht erwarten, Euch wieder zu umarmen. Claudio hat sich Tennisschuhe gewünscht, jetzt ist er im Hof und spielt mit seinen kleinen Freunden, wir hören sein Geschrei. Er wird immer hübscher und intelligenter und futtert wie ein Löwe. Das Wetter ist wunderbar, jetzt scheint es wirklich Frühling zu werden.

Habe bis sieben Uhr abends gewartet und einen Entschluß gefaßt. Am Telefon klang mir die Stimme ihrer Mutter umgänglich und liebenswürdig. Sie ist verschwunden, hab ich gesagt, ist gestern abend verschwunden. Schweigen. Sie ist verschwunden, wiederholte ich, ist gestern abend verschwunden. Sie legte auf. Eine halbe Stunde später sind zwei Polizisten in Uniform erschienen. Sie gehen in alle Zimmer, heben die Matratze hoch, kramen in den Schränken, treten auf den Balkon hinaus, fragen mich, um welche Zeit ich ausgegangen bin, um welche Zeit ich nach Hause gekommen bin, ob mir Merkwürdiges an ihr aufgefallen ist, ob ich Vermutungen habe. Der kleinere von beiden ist sichtlich nervös, er befragt mich nach unserer Beziehung, nach ihren Gewohnheiten, nach meinen, nach unserem Bekanntenkreis, nach diesen letzten Tagen. Der andere hört zu und entfernt sich hin und wieder, die Arme im Rücken verschränkt, auf den Korridor. Sie sprechen nur, um Fragen zu stellen. Welche Kleidung trug sie, hatte sie eine Handtasche, trug sie Ausweise bei sich, eine Uhr, Schmuckstücke, Schecks, Sparbücher? Ich antworte präzise, aber widerwillig, denn ich weiß, daß ihre Fragen nutzlos sind. Ich beschreibe die Uhr, die Halskette, erkläre, daß das Sparbuch auf der Kommode liegengeblieben ist. Die Nacht ist vorübergegangen, das Schlimmste ist vorbei, man wird sie nicht finden.

Ich habe versucht, seine Zeichnungen auszumalen. Ich suchte seine Schachtel mit den Buntstiften. Sie ist im selben Schrank aufbewahrt. Das Grün an dem Pferd habe ich orange übermalt. Dann habe ich die zu große Hand der Frau gelöscht und eine andere gezeichnet, mit sinnvolleren Proportionen. Ich brachte den Sattel an den Rücken des Pferdes heran und beseitigte die Vertiefung der Kruppe. Die schwarze Linie des Männchens veränderte ich. Die Hinterteile der Pferde hab ich abgerundet. Es genügt, hier und dort etwas zu verbessern, Einzelheiten zu verändern, Leerstellen auszufüllen, die weißen Zwischenräume zu vervollständigen, und schon beginnen die Zeichnungen wieder zu leben. Und mit ihnen Claudio. Von nun an war er nicht mehr unwandelbar, ich konnte einwirken auf ihn und ihn verändern, verbessern, ihn auslöschen und neu gestalten, wie es mir gefiel.

Meine liebsten Eltern,

Ihr schreibt mir, daß es Euch nicht so gut geht. Ich bitte Euch, laßt Euch nicht dort operieren, wendet Euch endlich an jemanden, der für das Krankenhaus in Catania zuständig ist. Aber vor allem versucht, ein regelmäßiges Leben zu führen und Euch nicht zu überanstrengen. Ich schicke Euch 100 000 Lire für die Arztkosten, die, wie ich mir vorstellen kann, beträchtlich sein werden. Diese Monate, hoffe ich, werden rasch vergehen, bis ich selbst kommen kann, um mich von Eurem Befinden zu überzeugen. Ich bestehe aber darauf, Euch einzuladen, hierher zu uns, wo die Krankenhäuser bestens arbeiten und es gute Spezialisten gibt, die Euch heilen könnten. Auch meine Frau würde sich freuen. Wir danken Euch für den Käse, die Orangen, das Öl, die Oliven und die Biscotti, die ihr geschickt habt. Das Wetter hier ist sehr schön, und Claudio ist immer im Hof und spielt Ball, will nicht mal zum Essen ins Haus kommen.

Ein andermal fragte er mich:

– Mamma, wie viele sind wir auf der Welt?

Ich sagte:

– Wir sind viele.

– Wie viele?

– Vier Milliarden.

– So viele? Aber, vier Milliarden, zusammen mit uns?

– Sicher.

– Mit dir, mit mir und mit dem Papa?

– Sicher.

– Und auch mit den Dieben, den Räubern und Mördern?

– Mit allen.

– Aber die Diebe, können sie schwimmen?

– Manche können schwimmen, andere nicht.

– Und die, die nicht schwimmen können, ertrinken sie, wenn sie klauen?

– Wieso?

– Weil, wenn die Diebe im Meer klauen und nicht schwimmen können, gehen sie unter.

– Aber die Diebe klauen nicht im Meer.

– Ich hab gedacht, sie klauen im Meer, weil es unter Wasser dunkler ist.

– Nein, die Diebe klauen bei Tag und Nacht, aber nicht im Meer.

– Also, wenn sie nicht im Meer klauen, können wir ja alle ins Meer gehen. Dann kommen die Diebe nicht, um uns was zu klauen. Und wenn sie bei Nacht klauen, haben sie dann keine Angst vor der Dunkelheit?

– Nein.

– Ein Glück für die Diebe, daß sie keine Angst vor der Dunkelheit haben. Ich hab Angst vor der Dunkelheit. Die Dunkelheit ist böse, weil sie finster ist. Besser wäre eine helle Dunkelheit. Mamma, entsteht der Schmetterling aus der Raupe, oder entsteht die Raupe aus dem Schmetterling?

– Der Schmetterling ist's, der aus der Raupe entsteht.

Sprüche. Nie im Leben, glaub ich, könnte ich den Mund so voll nehmen. Solche Sprüche. Ein paar seiner Sprüche haben sich mir unvergeßlich eingeprägt. Wenn er mich um etwas bat, das er nicht gleich haben konnte, ein zu teures Spielzeug zum Beispiel, versprach ich ihm: Morgen. Fünf Minuten später fragte er: Papa, ist jetzt morgen? Er wünschte sich von mir ein Pony, so groß wie ein Pferd, einen Flugplatz, der fliegen kann, eine Eiscreme so hoch bis zum Himmel, eine ganz lange Eisenbahn, von hier bis zum Mond. Nicht morgen: jetzt, sagte er. Im Krankenhaus hat er mir gesagt, sein Freund Rudy stolziert herum wie ein Vogel Strauß. Rudy ist nicht brav. Ich bin aber heute so brav gewesen, wie noch nie im Leben. Sein Leben war nur noch so kurz, und ich glaubte den Schmerz nicht ertragen zu können. Der Schmerz würde mich langsam aufzehren, dachte ich, und am Ende tröstete mich die Vorstellung, mich aufzehren zu lassen. Statt dessen habe ich weitergelebt. Hauptsächlich aus Gewohnheit.

Ich merkte, wie das Herz plötzlich schneller schlug und bis zum Hals hinauf pochte. Die Gedanken verließen den schmerzenden Körper, trennten sich nach und nach von ihm. Ein langsames kurzes Aufsteigen, um an der Zimmerdecke schweben zu bleiben, wie ein der Hand entschlüpfter Luftballon. Ich sah mich selbst von oben, unbeweglich auf dem Rücken liegend, die Arme waagrecht ausgestreckt. Die Hände offen und entspannt. Sonderbar, daß die Augen nicht geschlossen waren. Weit offen! Ich sah mein dünnes, schütteres Haar auf dem Kopfkissen liegen. Jahrelang hatte ich es täglich gewaschen, und jetzt war es gewiß verklebt und fettig. Unter der Bettdecke ahnte ich den hageren Körper und die eckigen Fußspitzen.

Werde ich so sterben? Getrennt vom Körper, und an der Decke schwebend, sah mein Verstand das in Halbdunkel gehüllte Zimmer: den großen weißen Schrank, die alte Kommode (gekauft eines Abends im Januar), das französische Bett aus Kastanienholz, das ich früher mal in der Ekstase der Umarmungen knarren hörte. Ich fand immer, das Bett ist die größte Erfindung des Menschen, da es die ganze Existenz umfaßt: Geburt, Tod, Liebe, Krankheit, Alter, Schlaf und Traum.

Apropos Schlaf. Ein ähnliches Gefühl habe ich, vor längerer Zeit, ein paar Monate lang erlebt. Ich las etwa zehn Minuten (nie habe ich's geschafft, länger als zehn Minuten im Bett zu lesen), löschte das Licht auf dem Nachttisch, drehte mich auf die Seite und versuchte einzuschlafen. Aber ich wußte, daß dann bald etwas passieren würde, etwa nach einer halben Stunde. Ich habe nie nachgeprüft, wieviel Zeit wirklich verging, aber die Zeit schien sich unendlich zu dehnen. Es war genau in dem Augenblick, der das Wachen vom Schlaf trennte, in diesem bestimmten Moment, da das Herz, dessen Pochen ich immer lauter und vom Kopfkissen noch verstärkt widerhallen hörte, aussetzte und mir den Atem raubte. Und ich erwachte, wenn man so sagen darf, angesichts der

Tatsache, daß ich noch gar nicht eingeschlafen war. Mit einem Ruck saß ich aufrecht im Bett und rang mit aufgerissenem Mund nach Luft. Ein Gefühl des Entsetzens, sicher, aber auch der Befreiung, als sähe ich mich, wieder zu Atem gekommen und noch am Leben, wer weiß welcher Gefahr entronnen.

Allmählich war ich dann überzeugt, ich sollte, das Licht auf dem Nachttisch gelöscht, so tun, als überließe ich mich dem Schlaf, und statt dessen aufmerksam, hellwach, auf diesen Moment warten. Wäre ich nicht gefaßt gewesen auf den Ruck und die tiefe Atmung, dann hätte mich dieser Moment im Schlaf vernichtet. Ich durfte nicht einschlafen. Ich durfte mich nur dem Schlaf möglichst annähern und so tun, als überließe ich mich ihm zunehmend, ohne mich einfangen zu lassen. Bis zum letzten Augenblick mich entziehen, sonst wäre Schluß gewesen. Eine Frage des richtigen Zeitpunkts.

Es war wie der Entschluß, sich in die Tiefe zu stürzen mit immer größerer Geschwindigkeit und dann, dreißig Zentimeter über dem Boden, einen Moment vor dem Aufprall, sich wieder mit einem einzigen Flügelschlag emporzuschwingen. Es ging darum, Zeit und Raum mit millimetrischer Exaktheit zu berechnen. Meine Fähigkeit, genau in diesem Augenblick wieder aufzuwachen, war nunmehr erprobt, bis ich nach einigen Monaten merkte, daß dieser Moment einer von vielen geworden war und ich wieder einschlafen konnte. Doch wenn ich spürte, wie die Gedanken sich vom schmerzenden Körper lösten und langsam zur Decke aufstiegen, um drei Meter über dem Boden hängenzubleiben, war das kein Schrecken mehr. Nur Ruhe und Befreiung. Kein plötzlicher Ruck.

Das gelbe, schwarz geblümte Kleid hatte sie selbst genäht, vor dem Fenster in der Küche sitzend, wo wir zur Not zu dritt essen konnten. Wenn ich mich umdrehte, stieß ich gegen das Spülbecken aus Edelstahl. Wenn ich saß, konnte ich nicht das Fenster öffnen, wenn ich aufstand, mußte ich's vorsichtig tun, um nicht mit dem Kopf an die Kante des Hängeschranks zu schlagen. Vom Fenster aus sieht man andere Fenster, wenige Meter entfernt, die Fenster einer grauen Mietskaserne wie der unseren. Man hört die Stimmen von Kindern, die harten Schläge von Bällen gegen die Rolltore der Garagen. Umrisse von Frauen hinter Gardinen, dann und wann der steife Gruß von Ehemännern.

Die Nachbarn sprechen wenig mit uns, flüstern manchmal miteinander auf dem Treppenabsatz, verstummen, wenn der Aufzug kommt oder eine Tür sich öffnet. Sie grüßen mit einer unmerklichen Kopfbewegung, bleiben aber nicht stehen. Ich erst recht nicht, der ich gelernt habe zu grüßen wie sie. Sizilianer, Emilianer, Venetier, Bergamasken, Kalabresen: alle befolgen das stumme Ritual auf der Treppe oder vor der Haustür. Ein paar Worte höchstens, im Aufzug, bevor man die eigene Wohnung erreicht. Sechs Mietskasernen zu je sieben Etagen, in Reih und Glied: sechs mal sieben macht zweiundvierzig, mal drei (das sind die Wohnungen pro Etage), macht einhundertsechsundzwanzig. Die Zahl der Familien, die an der rechten Seite dieser Straße wohnen. An der linken Seite die Angestellten der Post, in flachen Häusern, dann zwei Grundstücke vollgestellt mit Eisenrohren, Schalungsgerüsten, langen Wellblechbahnen, Drähten und Betonreifen, Material zum Verlegen von Telefonleitungen, Volkswagen, Lieferwagen, gelben und schwarzen Lastwagen, die durch breite Gittertore hinein und hinaus fahren, wo die Kinder verbotenerweise den Ball treten. Das rotweiße Schild untersagt Spielen auf der Straße, und die Kinder wissen, daß der Pförtner auf den Balkon heraustreten und mit knödelnder Stimme schreien wird. Dann rennen sie los und verstecken sich unter Mäuerchen oder hinter Pappeln und Kiefern.

Maschendraht umzäunt die flachen Häuser zur Linken. Die Postangestellten sind die ersten Schweizer, die ich aufmerksam beobachtet habe. Sie tragen Uniform: Mütze mit Abzeichen, graugrüne Jacke und Hose, Lederkoppel über der Jacke, schwarze Stiefel. Abends kehren sie heim, rechtschaffen und streng. Manch einer kommt in der Nacht nach Hause, schwankend und auf der Straßenmitte. Bei Tag ähneln sie Soldaten. Die Soldaten sah ich zum erstenmal mit Sturmgewehren, im Tarnanzug, in die Schutzbunker, den Waschraum, die Keller unserer Mietskaserne einfallen: militärische Übung. Am Schluß baten sie um ein Bier.

Meine lieben Eltern,
es tut mir leid zu erfahren, daß Ihr unsere Briefe nicht erhaltet. Ich schreibe Euch zweimal die Woche und begreife nicht, warum sie Euch nicht erreichen. Ich weiß, es gibt Schwierigkeiten bei der Post, wegen dem Streik, aber diese Verspätungen scheinen mir übertrieben. Claudio wird immer lebhafter und und stellt daher alles mögliche an. Jetzt, nachdem er gebadet und gegessen hat (aber immer mit den üblichen Kapriolen), schläft er. Heute sagte er, daß er mit dem Opapa spazieren gehen will, wie im Sommer, und er fragte mich: Warum läuft er nicht weg aus seinem häßlichen Haus, um bei uns zu wohnen? Manchmal nimmt er mich bei der Hand und will, daß ich ihm ein Foto vom Großvater zeige. Warum entschließt Ihr Euch nicht endlich zu kommen und wenigstens ein paar Tage bei uns zu bleiben? Wegen der Kälte braucht Ihr Euch keine Sorgen zu machen, denn wie ich Euch oft geschrieben habe, gibt es Zentralheizung im Haus, und sogar in Hemdsärmeln fühlt man sich wohl. Claudio hat mir aufgetragen, Papa, Dir zu berichten, daß er ein schönes Polizeiauto hat und daß er den Führerschein machen mußte, um es zu fahren. Wenn er groß ist, sagt er, wird er Commissario werden. Er wollte die Weihnachtsgeschenke ein paar Tage früher auspacken und fand unter dem Baum einen Kreisel, zwei Telefone aus Plastik, ein kleines Tischfußballspiel und das Polizeiauto, mit dem er jetzt den ganzen Tag spielt. Auch im Kindergarten hat er ein Geschenk bekommen: drei Plastikfischlein und eine kleine Angel. Er hat Tränen vergossen, weil wir das Silberspray für

den Weihnachtsbaum nicht kaufen wollten. Meiner Frau habe ich eine Singer-Nähmaschine geschenkt: sie wird glücklich sein, wenn sie sie sieht, weil sie sich die schon lange wünscht. Aber vor allem haben wir dank der Ersparnisse der letzten Jahre die Möbel in Claudios Zimmerchen auswechseln und einen großen Teppich fürs Wohnzimmer und Stoff für Gardinen kaufen können. Endlich haben wir jetzt eine, ich sage nicht herrschaftliche, aber mehr als anständige Wohnung und würden uns freuen, wenn Ihr sie eines Tages sehen könntet. Stellt Euch vor, wir haben insgesamt 600 000 Lire ausgegeben.

Weihnachten werden wir, wie alle anderen Tage, allein verbringen: am Vorabend gibt es das übliche Nachtmahl. Die einzige Neuerung wird sein, daß wir, wie meine Frau es wünscht, nicht in der Küche, sondern im Speisezimmer essen werden, wo wir den Baum aufgestellt haben, beladen mit künstlichem Schnee, Schokoladenkugeln, Bonbons und kleinen Kerzen.

Ich wußte nicht, was tun, unter seinen geschickten Händen. Hatte aber keine Ideen. Ich fühlte seine kraftvolle Zunge über meine Brust gleiten, während die Finger meine feuchte Haut erforschten. Je mehr seine Finger forschten, desto stärker wuchs mein Verlangen, aus der Erstarrung herauszukommen, aber gerade dieses Verlangen machte mich unbeweglich. Ich dachte, es wäre besser, sich nicht auf etwas Bestimmtes zu konzentrieren, ich dachte daran, ganz einfach seinen Händen und seiner Zungenspitze entgegenzukommen.

Ich ließ es zu, daß sein Körper, eng und nah, auf dem meinen lag. Ich ließ es zu, daß seine Begierde mit entschlossenen Stößen in mich eindrang. Ich stieß einen kurzen Schrei aus, als ich begriff, daß zum ersten Mal ein Mann in mir war. Das befriedigte und erschreckte mich. Aber wie von fern, als beobachte ich eine Sequenz von Gesten, die mich nicht betrafen. Dennoch umklammerte ich seinen glatten, erregten Körper. Sah, wie seine Schultern sich über meinen bewegten, spürte seine Lippen weich an meinem Hals, und den Speichel, der kühle Spuren zog.

Ich wußte nicht, was tun, und vielleicht wollte ich nichts tun, damit alles sich frei entwickelte. Dann, während sich mein Körper der Regelmäßigkeit des seinen überließ, dachte ich an meine Mutter, an das schmerzhafte erste Mal. Stellte mir die verschwitzte Stirn meines Vaters vor, seine Grimasse, seine Kraft, seine groben Hände. Und meine Mutter erschien mir klein, ebenso klein wie ich, unter der Kraft dieses jungen, erregten Körpers, der sich in mir bewegte. Klein sah ich mich, klein, überrumpelt von raschen, geschickten Gesten, die ich nicht zu beantworten wußte, wenn nicht mit einem kurzen Schrei, den ich vielleicht hätte vermeiden können, der aber zumindest ein Zeichen meiner Anwesenheit war.

Freude, Staunen, Schmerz. Schuld, vielleicht. Ihm meine Freude, mein Erstaunen, den Schmerz zu zeigen, das war die einzige Art, an seiner keuchenden Lust teilzunehmen, an jenem regelmäßigen Rhythmus, unter dem ich unbeweglich blieb, atemlos, mit halb geschlossenem Mund, und mein Geist ein für alle Gedanken weit offenes Fenster. Nichts ist in diesem Moment geschehen. Sein Körper hatte kein Gewicht, seine Kraft verflog, seine Küsse schienen mir fern, als sei meine Haut innerlich von einer Schicht lockeren Schnees bedeckt, die alles dämpfte: Gebärden, Bewegungen, Liebkosungen, Schauder und Schock und Gewalt. Und alles verstärkte. An jenem weißen Laken prallten meine Gedanken ab: ich war da, unter seiner Kraft, und ich war anderswo. Vielmehr, ich war an vielen Orten gleichzeitig, an allen möglichen Orten bis auf den einen, wo sich mein Körper befand, auf dem Bett ausgestreckt unter der jugendlichen Wucht des seinen. Und das offene Tor meiner Gedanken ließ Stimmen und Blicke ein, die kamen und gingen, angezogen von einem verrückten Wirbel, der meinen Geist erfaßte und in unvorstellbare Höhen entführte. Ich weiß nicht, warum ich geweint habe.

Ich gleite von einem Traum in den anderen. Das Ende des ersten ist der Anfang des zweiten. Ich sitze auf einem wackeligen Stuhl auf dem Bürgersteig. Die Straße entlang fahren zweirädrige Karren, die mit Mandeln beladen sind. Hufgetrappel wird plötzlich übertönt vom Schrei des Bauern und plötzlichem Peitschenknall, vom ohrenbetäubenden Dröhnen auspuffloser Motorräder, von erschreckendem Bremsenkreischen, von den Motoren alter Autos, von der unendlichen Langsamkeit der Traktoren, von trägen

Frauenstimmen, vom Ball, der gegen brüchige Hauswände prallt, vom Gekläff streunender Hunde, vom Rosenkranz schwarzgekleideter Menschen, die zur Piazza schreiten, vom stolzen Schweigen festlich gekleideter Mütter und Töchter.

Die Straße führt direkt zum Meer. Dort, hinter dem unkenntlichen Ende der Straße, sieht man das Meeresblau, das sich über den zwei geraden Reihen flacher Häuser auftut, frei bis zum Horizont. Zwei Kilometer vom Bahnhof zum Strand: die Straße ist eine blanke, glatte Asphaltbahn. Auf den Bürgersteigen liegen Mandeln zum Trocknen, halbierte Tomaten, Saucen in buntbemalten großen Tellern, ihr Duft heiß und scharf. Gegen Abend stehen alle Frauen auf den Terrassen. Von den Terrassen werfen sie einen Blick auf das Meer. Selten sehen sie es aus der Nähe.

Nichts gegen das Meer. Nichts gegen die flachen Häuser, die vorbeigehenden Frauen, die barocken Fassaden. Nichts gegen die Laternen auf der Piazza, gegen das Mandeleis. Anfangs hab ich das alles geliebt. Dann aber der saure Modergeruch des Unrats auf den Straßen, die Hundepisse, die langen braunen Kakerlaken, das zahnlose Grinsen der Greise, die reglos unter Laternen stehen oder auf Bänken im Stadtpark sitzen und böse Blicke nach den Fesseln der wenigen Touristinnen werfen.

Lieber waren mir die schneegebeugten Fichten, der auf der Brüstung hockende Grünfink, die dunklen Flecken auf den Bergen, die Leichtigkeit des Eichhörnchens, das von Zweigen zerschnittene Licht. Besser waren die Eiszapfen, die an Dachtraufen hingen, das hektische Picken der Kohlmeise, der knirschende Schritt in der Stille. Darum sag mir jetzt nicht, daß sie besser ist, deine Heimat mit ihren trägen Stimmen und ihrem Gekreisch und ihren lärmenden Hupen und Scheiße in jedem Winkel, mit ihrem Gestank und der Kotze auf jeder Piazza, mit ihren baufälligen und eingefallenen Häusern, schiefen Balkons, abgesunkenen Dächern, ihren Gruben, die überall sichtbar sind, ihrer glitschigen Spucke auf dem Straßenpflaster, ihren Mäusen, so groß wie Hunde, ihren geifernden Hunden, ihren schwarzen Frauen und ihren Dieben, ihren fliegenden Händlern, brüllend und stinkend wie Schafböcke, ihrem grauen Schaum auf den Bürgersteigen, den Kopftüchern, ihrem sauren Geruch von Thunfischnetzen und ihren feuchten falschen Küssen. Deine Gassen voll von gekrümmten Männern und unverdaulichen Pfefferschoten. Und hockenden fetten Weibern, die ich eines Tages nicht mehr ertragen konnte. Sogar die Mandelmilch wurde sauer. Du hast sie weiterhin Becher um Becher getrunken.

Seine Sprüche. Wer ist wichtiger, der Papa oder die Oma. Wichtiger ist die Oma, weil, wenn mir die Zehe aus einem zerrissenen Strumpf schaut, kann die Oma ihn flicken. Der Papa kann es nicht, und mit dieser Zehe draußen könnte er mich an Leukämie sterben lassen, weil ich, mit der Zehe draußen, sterben würde. Er kannte also den Namen seiner Krankheit. Wir sind immer vorsichtig gewesen, haben vermieden, diesen Namen in seiner Gegenwart auszusprechen. Und doch kannte er ihn. Dieser absurde Gedankengang, der Vergleich zwischen mir und meiner Schwiegermutter, die er übrigens sehr selten sah, war der Beweis dafür. Er wußte, daß es sich um eine tödliche Krankheit handelte. Und gab womöglich mir daran die Schuld. Für ihn war ich sein Mörder. Meine Schwiegermutter seine Retterin. Den Kampf zwischen ihr und mir habe leider ich gewonnen.

Meine lieben Eltern,
ich habe mit meiner Frau gesprochen. Sie ist einverstanden, nach Sizilien überzusiedeln. So wird sie, wie sie sagt, unserem Kind nahe sein und ihm jeden Tag frische Blumen bringen können. Wir dachten daran, ein kleines Grundstück am Meer zu kaufen, nicht weit vom Dorf, wo wir ein bescheidenes Häuschen bauen lassen werden. Wie Ihr wißt, haben wir keine Ansprüche an große Räume oder besonderen Komfort, auch verfügen wir nicht über die dafür nötigen Mittel. Wenn wir dort sind, werde ich Arbeit in einem Büro suchen. Es wird mir, glaube ich, nicht an Möglichkeiten fehlen: gegebenenfalls werde ich jemanden bitten, mir die Hand zu reichen. Wenn ich nicht irre, hat der Vetter Capello vor einiger Zeit einen Buchhalter für das Kino gesucht. Sicherlich hat er schon jemanden gefunden, aber versucht ihn dennoch zu fragen. Ich bitte Euch auch, erkundigt Euch nach einem Grundstück, das

unseren Anforderungen genügt: ich wiederhole, nah am Meer und nicht weit vom Dorf. Sammelt die drei oder vier Optionen, die Euch am günstigsten erscheinen, mit Preisen und Flächen, und Ostern werden wir kommen, um eine Auswahl zu treffen und möglichst den Kaufvertrag zu unterschreiben. Wenn alles gutgeht und der Kauf des Grundstücks abgeschlossen ist, werde ich gleich einen Feldmesser bitten, mir einen Plan zu machen, und einen Maurer, mir einen Voranschlag zu unterbreiten, so daß wir im nächsten September umsiedeln können. Die Entscheidung haben wir nun getroffen, und es wäre sinnlos, weitere Zeit zu verlieren.

Ein Brief, zwei Briefe, drei Briefe, Hunderte von Briefen. Kurze Nachrichten, Postkarten, Ansichtskarten. In diesen Umschlägen, in diesen Schachteln, in diesen Plastiktüten sind Jahre der Abwesenheit aufbewahrt. Eine Abwesenheit, mit der er sich nie abgefunden hat. Zwanzig Jahre lang hat er unentwegt seine Rückkehr geplant. Und eines Tages sagte er: Jetzt gehen wir, ich möchte nicht mehr in einem fremden Land leben.

Er sagte: Bauen wir ein kleines Haus am Meer, und im September gehen wir fort. In diesen Briefumschlägen, in dieser grauen Schachtel, in diesen Tüten ist sein Haus, da ist die ganze ersehnte Heimkehr minutiös vorbereitet. Und ich kann ihn mir vorstellen am Tag nach dem Tod seines Vaters, wie er in modrigen Schubladen wühlt und atemlos diese gelben Blätter sucht, diese an den Ecken geknickten

Postkarten, diese immer gleichen Worte, die von einer bevorstehenden Rückkehr sprechen, von einem zu bauenden Haus, von einem weder hier noch dort gelebten Leben, sondern in einem Land, getragen von der Hoffnung und der Gewißheit, überall fremd zu bleiben. Ich sagte ihm: Einverstanden, bauen wir ein Haus, und im September gehen wir.

Wir konnten wieder bei Claudio sein, konnten ihn jeden Tag besuchen und ihm frische weiße Nelken bringen. Zu Ostern fuhren wir hin, um das Grundstück auszusuchen, und er hat den Vertrag unterschrieben. Dann sahen wir den Plan für das Haus: ein Bungalow auf Pfeilern, mit Blick auf das Meer. Drei Räume, ein Bad und eine Küche. Auf der Rückfahrt im Zug hat er mich stundenlang an sich gedrückt, dann ist er eingeschlafen. Er sah, daß ich nicht glücklich war, meine Stadt zu verlassen, die Berge, den See, die Pfade im Wald. Aber er sagte nichts, und ich hab verstanden, daß diese lange Umarmung eine Tröstung war. Ich habe ihn angesehen, ohne etwas zu sagen. Tagelang sprachen wir nicht von dem Haus und vom Fortgehen. Vielleicht wußte er, ich würde vor ihm weg sein, und er würde bleiben, fremd, ein Gefangener seiner Einsamkeit.

Da liegt er nun, seine Fußspitzen, sein ausgemergeltes Profil, die wenigen grauen Haare, die auf dem Kissen verschwinden, der Brustkasten kraftlos, die Beine mager. Das ist der Mann, der mein Ehemann wurde, seine Reglosigkeit, die geschlossenen Lider, die langen Wimpern.

Meine lieben Eltern,
ich wundere mich, daß der Maurer noch immer die Arbeit ruhen läßt, und ich begreife nicht, warum. Wir haben die Ausführung binnen fester Termine vereinbart, und er hat Anzahlungen bekommen, gemäß mündlicher Vereinbarung und dem Vertrag. Wenn er sich nicht imstande fühlt weiterzumachen, muß er mich sofort benachrichtigen, damit ich andere Vorkehrungen treffen und ein Fertighaus bestellen kann, das ebenso zweckmäßig ist wie eines aus Mauerwerk.

Sie war verschwunden. Und die zwei Polizisten haben sich nicht wieder blicken lassen. Aber ich war überzeugt, daß sie zurückkehren würde. Ich erhielt ein paar Anrufe von Freunden. Anfangs dachte ich noch an das Haus, an die Bougainvilleen am Gartentor, an die gelben Schneebälle, die Terrasse, von wo ich das Meer bis zum Horizont hätte sehen können, das Castello Euralio und, an klaren Tagen, den Umriß des Ätna. Dann blieb das Haus ein unvollendetes, nacktes Skelett, und ich vergaß es. Ich ging weiter zur Arbeit, im Büro würde die Zeit rasch vergehen. Ein paar Wochen bin ich nach Feierabend im Büro geblieben, und morgens ging ich nicht mal hinaus, um in der Bar vorne einen Kaffee zu trinken.

Nur selten stand ich vom Schreibtisch auf und nutzte jede Gelegenheit, mir neue Arbeit aufzuladen: Formulare, Briefe, Rechnungen, offene Konten. Jeder Grund war mir recht, meinen Kollegen die Akten abzunehmen, mit denen sie beschäftigt waren. Ein paar

Wochen lang hätte ich der einzige Angestellte sein können: ich hätte alles allein erledigen können. Anfangs betrachteten meine Kollegen mich voll Bewunderung, dann immer argwöhnischer, bis sie mir sagten, ich solle mich nur um meine Arbeit kümmern. Ich aber wollte abwarten, bis sie mich anrief, und die Wartezeit ausfüllen.

Ich wartete, vermied aber, mir dies bewußt zu machen, und konzentrierte daher all meine Aufmerksamkeit auf die am Schreibtisch verstreuten Papiere, auf Formulare, die auszufüllen, Geschäftsbriefe, die zu schreiben, Versicherungspolicen, die weiterzuleiten waren, auf abzustimmende Konten, auf Anfragen von Kunden, um die ich mich desto mehr kümmerte, je schwieriger sie zufriedenzustellen waren. Wenn das Telefon klingelte, täuschte ich Distanziertheit vor und antwortete in neutralem Ton, aber nie gelang es mir, in dem kurzen Moment, der meine Stimme von jener des Anrufers trennte, nicht an sie zu denken.

Eines Abends kam ich früher als sonst nach Hause. Das Telefon klingelte. Ich wußte, sie war es. Tatsächlich, sie war es, ich hörte sie atmen, aber sie sprach kein Wort. Ich rief ihren Namen, aber sie antwortete nicht. Jeden Mittwoch, zehn Wochen lang, hat sie mich angerufen, immer zur gleichen Zeit, ohne etwas zu sagen. Es war eine nicht vereinbarte Verabredung, die wir respektiert haben. Am letzten Mittwoch kam ich zwar rechtzeitig nach Hause, um ihren Anruf anzunehmen, aber mich überfiel die Angst, sie wolle zurückkehren, und ich habe nicht abgehoben. Ich schaute aufs Telefon, saß auf der Couch wie am Abend ihrer Flucht und war gelähmt vor Angst, daß sie zurückkehren wolle. Lange ließ ich es klingeln, ohne mich zu bewegen.

Meine lieben Eltern,
gestern abend habe ich mit dem Notar telefoniert, der mir sagte, daß die Baugenehmigung noch nicht eingetroffen ist. Dies macht mir natürlich Sorgen, weil die Sache sich viel zu lang hinzieht. Nächste Woche hoffe ich Euch einen Scheck zu schicken, weil ich weiß, daß der Bau sonst nicht vorangehen wird. Werde alle meine Ersparnisse abheben.

Ich sah ihn, gealtert, während er auf den Bus der Linie 9 wartete. Er schaute sich um und trat in den kleinen Zeitungskiosk neben der Konditorei. Er kam heraus mit seiner üblichen Zeitung, schlug sie auf, und ich wußte, er würde sofort die Schlagzeilen der Sportseiten lesen. Er trug seinen üblichen grauen Mantel, neue Schuhe, einen grauen Schal. In der Telefonzelle, in der ich stand, schien es mir, als schwimme er in einem kühlen, unbestimmten Grau, in einer Raumkapsel. Hastig blätterte ich im Telefonbuch, fand die Nummer der Konditorei, bat das Fräulein, mir diesen Mann zu rufen, der auf dem Bürgersteig die Zeitung las. Ich sah das Fräulein herauskommen und tuscheln mit ihm, der überrascht war von dieser Bitte, ich sah sie beide eintreten, hörte das Knistern im Hörer, der aufgenommen wurde, seine besorgte und müde Stimme, und legte auf. Ich sah ihn im Laufschritt herauskommen, sich verwirrt umschauen, fluchen und eine Faust in die durchscheinende Luft stoßen, dann die andere. Er konnte mich nicht sehen, hat aber die Straße überquert, als wisse er, wo er mich finden würde. Ich stand unbeweglich hinter den Glasscheiben der engen Zelle, in der ich zu ersticken glaubte. Ich ließ ihn näherkommen, ich sah den Ärmel seines Mantels über das Glas streichen. Ich wußte, er würde mich finden.

Statt dessen glitt der Ärmel weiter, nach rechts, und über die Schulter sah ich, wie er losrannte, in Richtung Stadt, als wolle er fliehen. Ich fand mich auf den Knien wieder, mein Herz pochte heftig in den Schläfen, und ich vergrub das Gesicht in den Händen. Er hatte fliehen wollen vor mir. Und ich begriff, daß die Rollen vertauscht waren. Jetzt war er es, der auf der Flucht war, und ich sollte ihn aufstöbern. Ich war fortgegangen, und nun war es an mir, dem Mann nachzulaufen, den ich zu verlassen beschlossen hatte.

Meine liebsten Eltern,
ich schicke Euch 70000 Lire als Anzahlung für das Geländer, den Rolladen und das Gittertor. Ich weiß nicht, ob wir, wie vereinbart, im September kommen können, weil meine Frau gesundheitliche Probleme hat und es besser ist, vor einem Klimawechsel hier die Behandlung abzuschließen. Bei uns läuft das Leben wie

üblich, ein wenig schwierig, gewiß, weil der Verdienst bescheiden und der Gesundheitszustand meiner Frau bedenklich ist.

Ich habe versucht, in diesem Land zu leben, aber mein Land, das war ein anderes. Dorthin wäre ich gerne zurückgekehrt, dort wollte ich unser Haus bauen. Dann ist sie fortgegangen, und dieses Haus im Rohbau, ich sollte es nur einmal von weitem sehen, nach ein paar Jahren. Jetzt werden die Geländer verrostet sein, die Bäume dürr, die Sträucher hoch, der Rolladen zerbrochen, die Mauern abgeblättert. Die noch nicht eingebauten Türen werden zerfressen sein vom Salzgehalt der Luft, die Fliesen, die wir mit Sorgfalt auswählten, im Lager gestapelt.

Ich wollte nicht heimkehren ohne sie, und meine Eltern hab ich erst wiedergesehen, als sie mit gefalteten Händen auf ihrem Bett lagen, in dem niedrigen modrigen Haus, wo ich meine Kindheit verbrachte, angetan mit ihren besten Kleidern. Zuerst meine Mutter, dann, ein Jahr später, mein Vater. Als meine Mutter gestorben war, sah ich ihn sitzen auf einem Stuhl, sein Kinn zitterte. Er wird mich nicht wiedererkannt haben, denn während ich sein schlaffes Gesicht küßte, war sein Blick auf den Boden geheftet, und er wandte nicht die Augen. Als meine Frau fortgegangen war, fand ich nicht die Kraft, es meinen Eltern zu schreiben. Alles würde sich bald klären, dachte ich, und ich müsse die Sache mit dem Haus beschleunigen, so daß bei ihrer Rückkehr alles für die

Abreise bereit gewesen wäre. Ich fing an, die Arbeiten aus der Ferne zu leiten, mit Dutzenden von Briefen, in denen ich genaue Anweisungen gab, eine Kopie des Bauplans auf meinem Schreibtisch ausgebreitet. Fasziniert war ich, begeistert von meinen organisatorischen Fähigkeiten, ich stellte mir die Kacheln im Bad vor, die Lage des Kamins, den Standort jeder Pflanze, die Farben der Fußböden.

Dann, eines Abends, habe ich mich im Spiegel betrachtet und mir gedacht, daß meine Frau nicht wiederkommen würde und daß es zu spät sei, es meinen Eltern zu sagen. Die Hoffnung, mit ihr in die Heimat überzusiedeln, blieb unvollendet, weil sie nicht mehr da war. Unvollendet blieb auch der Bau des Hauses am Meer. Ich begriff, daß ich auf tausendfünfhundert Kilometer Entfernung ein Haus baute, in dem ich eines Tages nicht mal wohnen würde. Meinen Eltern hab ich geschrieben, ich hätte alle meine Ersparnisse verbraucht, und veranlaßt, daß dieses Haus, in dem ich eines Tages zu leben gedacht hatte, so bleiben solle, nackt, ohne Tür, ohne Garten, ohne Fußböden, ohne Verputz. Allmählich habe ich es vergessen, und meine Eltern sprachen nicht mehr davon. So ist binnen weniger Monate eine Illusion verraucht, aus Achtlosigkeit, aus Überdruß. Aus Erschöpfung. Verheißungen, Hoffnungen, Pläne.

Ich fing an, Krankheiten vorzuschützen, Geldsorgen, dienstliche Verpflichtungen, sechs Jahre lang, bis nach meiner Mutter auch mein Vater heimgegangen ist. Und im Laufe eines Jahres habe ich mich von allen Lügen und aller meiner Schmach befreit. Das letzte Mal, vor der Bestattung meines Vaters, kramte ich in den Schubladen der Kommode und fand diese Lügen und diese Schmach wohlverstaut in einem Winkel unter einem Leinenlaken. Ich habe Papiere, Briefumschläge, Ansichtskarten gerafft und alles mitgenommen. Ich hab einen frischen Strauß weißer Nelken gekauft und ihn unter der Fotografie meines lächelnden Kindes zurückgelassen. Als ich es ansah, begriff ich, daß ich nie zurückkehren würde in meine Heimat. Hastig lief ich hin, um das rohe Gerippe des Hauses zu sehen, und ging dann zu Fuß die lange Straße zum Bahnhof. In meinem Dorf braucht man die Augen nicht aufzumachen, um vom Meer zum Bahnhof zu kommen. Man kann auf dem Bürgersteig laufen, den Blick gesenkt auf die kleinen grauen Pflastersteine.

Ich bin hierher zurückgekehrt. In diesem Land habe ich versucht zu leben, vergeblich. Ich kannte nicht mal den Park mit seinen Rotbuchen, die Trauerweiden, den See und die Nächte dort, die dunklen Berge, die wenigen Boote. Nicht mal nach vielen Jahren kannte ich die einsamen Plätze, den beleuchteten Weihnachtsbaum im Zentrum vor dem Rathaus, die bescheidenen Schaufenster, die Kaufhäuser mit Bar und stillen Restaurants, die um Mitternacht beleuchteten Fontänen, die trostlosen Pensionen, den verschlossenen Dialekt im Mund meiner Kollegen, ganz als weigerten sich die Wörter herauszukommen. Anfangs dachte ich, diese grüne Stille könne in meine

Seele einziehen, in mir Ruhe finden. Ich habe mich getäuscht.

Schwarz der Himmel, schwarz die Berge, schwarz der See, in dem sich die zitternden länglichen Lichter der wenigen Häuser spiegelten, die in der Dunkelheit schwebten. Das Rauschen des Wassers am schimmernden Ufer hatte etwas Vertrautes, es verdeckte kaum die Schreie, die sich entlang der Straße näherten. Blitze erhellten den Aufruhr des Sees, und das Glockengeläut und das Brausen des Laubs und das Dröhnen eines Motorrads und den trüben Mond, der nicht mehr rund war. Ich hörte Münzen klingeln von den Buden herüber, die auf der Wiese standen. Eine junge Frau beugte sich über die Füße eines kleinen Mädchens, ein Bursche, groß und bereit, jeden abzuschrecken, der sich nähern wollte. Die junge Frau wühlte mit der Hand in den Strümpfen der Kleinen, und von dort kam das Klingeln der Münzen. Wo war ich? Wie war ich an diesen Ort geraten, hoch über Bergen und Seen, im Wald? Und die Münzen, die Strümpfe, die junge Frau? Ich hatte Angst. Zu viele Bilder stürmen mir jetzt durch den Kopf. Nonnen, Nonnen. Ein sauberer Hof, Beeren an geometrisch geordneten Hecken und ich, die allein dahingeht wie eine Kranke. War ich krank?

Und wiederum: ich, mit acht oder neun Jahren, im weißen Kleidchen auf den langen Bänken einer Kirche, die Kathedrale. Runder gestärkter Kragen, mein Vater mit einer kleinen Zeiss in der Hand, von der er sich niemals trennen wollte. Sie war sein Glücksbringer, sagte er. Mein Vater erwartet mich auf der Treppe, bückt sich, um ein Foto von mir zu machen, ich sehe sein Auge hinter dem Blechauge des Apparats und lächle, während ich Mamas Hand festhalte. Die Stiefelchen weiß, wie die Söckchen. Dann Abendessen im Haus der Großeltern, ein langes Gebet, der Priester am Kopfende des Tisches, Großvater neben ihm, mit blauer Krawatte. Das alte Hausmädchen aus dem Veneto, das warme Platten aufträgt: Schmorbraten und Polenta? Schmorbraten und Polenta. Die dunklen Anzüge der Onkel. Der braune Bratensaft, der aufs weiße Baumwolltuch spritzt, die harten Fingerknöchel meiner Mutter auf meiner schon glühenden Wange, mein Weinen in der Stille, der strenge Blick des Großvaters, der mir die Tür weist: Aufs Zimmer, sagt er ruhig. Mein Vater, der mich begleitet, die Augen niedergeschlagen. Schluchzend bleibe ich auf dem Bett liegen, unter den ausgebreiteten Armen eines Heiligen, der seine offenen Hände zeigt. Die niedergeschlagenen Augen meines Vaters kehren zurück: Komm. Aber ich will nicht aufstehen. Ich höre den ungeduldigen Schritt des Großvaters, er packt mich an der Schulter, mit einem Ruck lande ich auf den Füßen, ich geh ihm voraus ins Wohnzimmer. Ich setze mich, ohne in die auf mich gerichteten Augen meiner Mutter, der Onkel und Tanten, des Priesters zu blicken. Schwaches Klingeln von Bestecken auf Tellern.

Lieber Papa, liebe Mamma,
ich danke Euch für die Süßigkeiten, die Kichererbsen, den Paprika, das Öl und die Bohnen. Ich bin sicher, der Maurer hat die Arbeit am Bau wieder aufgenommen. Ich bitte Euch, ihm das nötige Geld nur dann zu geben, wenn man tatsächlich einen Fortschritt der Arbeiten sieht. Ich hoffe, er wird vor unserer Ankunft fertig werden, woran ich, wie die Dinge jetzt laufen, ein wenig zweifle. Ich lege 110 000 Lire bei, worin 10 000 Lire als Rest der Wasserabgabe enthalten sind. Auch schicke ich Euch 1000 Lire für die weißen Nelken, die Ihr an Claudios Grab bringen mögt.

Claudio trägt auf seinen schmalen Schultern ein Säckchen aus rotkariertem Stoff. Jedem Kind im Kindergarten ist ein Symbol zugeteilt, das sich auf dem Säckchen, auf dem Kittel, auf dem Handtuch, den Hausschuhen wiederholt. Sein Kennzeichen ist der Tannenbaum.

– Was machst du hier?

Claudio verzieht keine Miene, deutet ein Lächeln an.

– Bin gekommen, um dich zu besuchen, wie geht's?

– Siehst du ja, bin unbeweglich – sage ich ihm.

Er öffnet sein Stoffsäckchen und holt einen kleinen gläsernen Sarg hervor.

– Erinnerst du dich daran?

– Sicher erinnere ich mich daran. Da habe ich doch deinen Körper hineingelegt.

– Ich laß ihn dir. Gehört jetzt dir.

Er spricht in barschem Ton, drohend. Aber ich weiß, daß es bei ihm nicht Drohung ist, es ist Selbstbewußtsein. Eine Feststellung: als hätte er mir eine Krawatte gezeigt, die ich am Abend tragen sollte, oder einen alten, im Winkel einer Schublade wiedergefundenen Füllfederhalter. Aber ich mache mir keine Sorgen wegen diesem Selbstbewußtsein, das keine Ausflüchte läßt. Was mich irritiert hat, ist Claudios so feierliche und zugleich in ihrer Distanziertheit spöttische Haltung. Ich spüre, daß mir das Blut wie eine mächtige Welle zu Kopf steigt. Das gleiche Auflodern, das mich befiel, wenn Claudio aus einer Laune heraus die Schultern zuckte, als Antwort auf eine Bemerkung von mir. Oder die Hände vors Gesicht hob und sie synchron bewegte, mit einem spöttischen Lächeln, als wolle er sagen: Macht mir doch nichts aus, was du sagst.

In solchen Augenblicken stieg mir das Blut ins Hirn, und vergeblich suchte ich den Zorn zu ersticken. Ich wußte, ich würde ihm eine tüchtige Ohrfeige verabreichen, und dies steigerte meine Wut, aber ich konnte ihm nicht widersprechen. Und während seine Tränen strömten, floß mein Blut aus dem Kopf zurück und kreiste bald wieder ruhig durch die Adern. So unerträglich mir seine Frechheit erschienen war, so heillos war Claudios Schwäche, wenn die Tränen heiß und vorhersehbar über seine geröteten Wangen rannen. Tatsächlich war alles vorhersehbar: der Zorn, die Ohrfeige, die Demütigung, die Tränen, das Herbeilaufen meiner Frau, die ihn in die Arme schloß und ihn anstarrte, sein nasses gerötetes Gesicht hinter zitternden Händen versteckt, seine Augen auf den Boden gerichtet. Ich versuche ihn ins Gesicht zu schlagen, aber diesmal gelingt es mir nicht. Meine Hand trifft seine blassen Finger, die er vorstreckt, um den kleinen gläsernen Gegenstand zu zeigen, der herunterfällt und am Boden zersplittert. Sein erwachsener Blick wird wieder zum Kinderblick, und seine großen Augen werden feucht.

Claudio weint und bückt sich schluchzend, um die verstreuten Scherben aufzusammeln. Ich leide unendliche Qualen, denke, jetzt ist sein Spielzeug kaputt, ich denke, daß er's mir schenken wollte und daß er sich vielleicht nur schwer davon getrennt hätte. Sein Blick, voller Tränen und auf den Boden fixiert, hebt sich, um mir zu sagen: Jetzt wirst du nicht mehr mit mir zusammensein können. Jetzt können wir nicht mehr zusammen spielen. Und so, auf den Knien kauernd, sehe ich ihn verschwinden und in der Ferne immer kleiner werden, aufgesaugt von einem waagrechten Wirbel. Kaum wahrnehmbar noch eine Träne, die kurz im leeren Raum funkelt, bevor sie sich in der umgebenden Dunkelheit auflöst.

Liebe Eltern,
ich schreibe Euch, um Euch zu mitzuteilen, daß der Kamin im Wohnzimmer eingebaut wird, zwischen dem großen und dem kleinen Fenster, nicht aber in der Ecke, sondern in der Wandmitte. Im Augenblick kommt es darauf an, daß die Maurer die Öffnung in der Wand

auf eine Weise machen, daß man dort das Ofenrohr durchschieben kann. Lieber Papa, ich vergaß Dir zu sagen, daß man, sobald das Gelände planiert ist, und wenn das Wetter günstig ist, Weinreben an der Mauer neben dem Brunnenschacht anpflanzen kann, so daß eine Pergola entsteht, und ein paar Obstbäume in der Mitte, genau wie angegeben auf dem Plan, den ich beilege (ich habe ihn zusammen mit meiner Frau gemacht, die von dem ganzen Projekt begeistert ist, aber vor allem nicht erwarten kann, bis der Garten, und sei er noch so klein, fertig wird). Die Pflanzen sind: ein Orangenbaum, ein Mandarinenbaum, ein Pfirsichbaum, ein Aprikosenbaum, ein Birnbaum, ein Pflaumenbaum, ein Limonenstrauch, eine Feigenstaude und zehn Weinreben. An der Mauer, die an den Mandelhain grenzt, zwei Indienfeigen. Jasmin an der anderen, linken Mauer, Rosmarin neben dem Weg. Zu beiden Seiten des Gartentors – aber darum werde ich mich selbst kümmern – Bougainvilleen, die meiner Frau so gefallen. Ich lege einen Scheck über 56000 Lire bei, zur Abzahlung Eures Darlehens. Was den Brunnen betrifft, laßt mich wissen, ob er ausgehoben ist und ob Wasser gefunden wurde. Andernfalls müßte man mit dem großen Bohrer weitermachen, vorausgesetzt, das Gutachten des Rutengängers ist positiv. Bitte, besucht Claudios Grab so oft wie möglich, und laßt es ihm nicht an frischen Blumen (weißen Nelken) fehlen, für die ich 2000 Lire beilege.

Ja, ich habe gehalten, um zu schlafen. Ich schlief im Auto, vorn auf den Sitzen liegend, die Beine unter dem Lenkrad abgebogen. Hinten war Claudio, die Hände noch immer gefaltet, die Füße ausgestreckt, sein Profil klar. Ja, mein Schlaf schwebte ruhig über dem Dröhnen ferner Auto- und Lastwagenmotoren, den Stimmen der wenigen müden Reisenden, die halt machten auf einen Kaffee, über dem Gemurmel von Tankwarten in blauem Overall, über dem frischen, transparenten Rot der Morgendämmerung. Unter dem blechernen Schutzdach eines Parkplatzes (Salerno? Reggio Calabria?) haben wir beide geschlafen. Dann weckte mich ein lautes Geräusch, ich schlug mit dem Nacken gegen die kühle Autotür, spürte einen Stich im Rücken und Schmerz in den Knien. Ich habe die Tür aufgestoßen und bin ausgestiegen. Habe die Luft geatmet, die mir feucht vorkam, habe die Arme kreuzweise nach oben und unten geworfen und die Knie gebeugt. Ich sah ihn schlafen und schloß ganz sacht die Tür, um seinen leichten Schlaf nicht zu stören. Dann kam ich wieder, mit Kaffeedunst in der Nase und feuchtem Gesicht. Vielleicht hätte er eine warme Milch oder einen Orangensaft getrunken.

Liebste Eltern,
habe gerade Gehalt bekommen und schicke Euch 70000 Lire als Anzahlung für den Maurer; Ende diesen Aprilmonats schicke ich den Rest. Nun bleiben noch die Eisenstangen zum Wäschetrocknen anzubrin-

gen, das Licht, der Bürgersteig und der Kamin. Ich lege 1000 Lire bei, zum Kauf von weißen Nelken für unseren Kleinen.

Meine Lieben,
benachrichtigt mich, ob die Maurer den Plan für den Fußboden im Erdgeschoß und die Anordnung der Kacheln und der weißen Sockel gesehen haben. Was alles übrige betrifft, möchte ich Euch bitten, die Arbeiten einzustellen, weil ich keine weiteren Ausgaben verkraften kann, da wir die vorgesehenen, und zwar bei weitem, überschritten haben. Ihr wißt auch, daß es überhöhte und großenteils unerwartete Ausgaben waren, so daß ich völlig ausgeblutet bin. Sagt also, daß die Toilette, das Waschbecken und das Bidet nicht eingebaut werden sollen. Und daß man neue Anweisungen wegen der Fußböden, der Fenster und Türen abwarten soll. Lieber Papa, falls Du die Pflanzen noch nicht bestellt hast, tu es einstweilen nicht. Für die bereits erfolgte Lieferung des Gartentors und der Geländer lege ich einen Scheck über 130 000 Lire bei. Wenn der Schmied mehr fordert, gib es ihm auf keinen Fall. Verlange für alles eine Rechnung.

Solche Sprüche, ich erinnere mich an seine Aussprüche. Er malte das Gras und über dem Gras, in der Luft schwebend, einen kleinen Jungen. Damals fragte ich ihn: Wer ist dieser Junge? Er antwortete: Das ist mein Freund Luca. Ich sagte zu ihm: Der Luca fliegt? Und er: Lucasse fliegen doch nicht. Wir haben gelacht, haben sein Köpfchen gestreichelt, seine nackten Ärmchen geküßt. Seine Sprüche. Wir fanden sie ganz unmöglich. Bei jedem seiner Aussprüche konnte einem schwindlig werden. Solche Aussprüche machten ihn, in unseren Augen, zu einem besonderen Kind. Alles kam uns besonders vor: die Augen, das Haar, die so helle Haut, der erwachsene Blick, die Wörter, die wenigen Sätze, die er sprach.

Die Bilder, die er malte: ein paar wesentliche, entschiedene Striche, als fahre er eine saubere, vollkommene Skizze nach, die er nur er sehen konnte, schon vorgezeichnet auf dem weißen Blatt. Ohne jede Unsicherheit wußte er, wo er ausgehen und wo er ankommen würde. Ein Huhn mit gebogenem Schnabel, drei Federn, ein großes Ei zwischen den gespreizten Beinen. Laufende Zebras, große und kleine, verfolgt von einem Löwen mit spitzen, gut sichtbaren Krallen. Die Beine waagrecht, der Schwanz in die Höhe gereckt: wilde Bewegung eines irren Rennens. Oberhalb sehe ich meine Handschrift, eingekreist von einer Wolke, aus der ein Pfeil auf das kleinste Zebra zeigt: Dieses da wird der Löwe nicht rauben. Ihn hat man mir geraubt: Wer hat diese kleinen Hände geraubt, die Löwen und Zebras zeichneten?

Ein Löwe, ein Leopard, ein Gepard? Ich will nicht, daß der Gepard mich mit Haut und Haar auffrißt, hat er gesagt. Vielleicht hat der Gepard ihn mitgenommen, vielleicht dies Kamel mit drei Höckern. Vielleicht der Wüstenfuchs, der mit seinen großen Ohren sogar das Hin und Her der Termiten unter der Erde hören kann. Da ist er ja, der Wüstenfuchs, da seine großen, am Boden klebenden Ohren, seine runde Schnauze, er steht still, mit zwei großen wachsamen Augen, die den Insekten auflauern. Und da sind auch sie, die Termiten: ein wirres Durcheinander von kleinen blauen Ameisen. Sie wissen, daß sie bald an die Oberfläche gesaugt werden.

Auch ich habe weitergelebt, hauptsächlich aus Gewohnheit. Dann schrieb meine Mutter mir einen Brief.

Meine liebe Tochter,
wenn der Mensch sich gegen den Willen Gottes auflehnt, muß er damit rechnen, bestraft zu werden. Und Dich hat Gott gestraft, indem er Dir Deinen Sohn nahm. Du mußtest damit rechnen. Viel zu früh hast Du das Elternhaus verlassen für einen Mann, der Dich nicht glücklich machen konnte und den wir, in Sorge um Dein Seelenheil und Deine Zukunft, abgelehnt haben. Er konnte Dich nicht glücklich machen, weil er nicht unserer Welt angehörte und keinen Anteil hatte an unserer Sinnesart. Ich und Dein armer Vater haben Dir, schon seit der Geburt, die Pflicht des Gebets vermittelt, wir lehrten Dich Ehrfurcht und Glauben und jene teuren Werte, an die unsere Familie seit jeher geglaubt hat. Wir haben Dir einen Lebensstandard und menschenwürdige wirtschaftliche Verhältnisse geboten, die wir durch eine passende Ehe gefestigt zu sehen wünschten. Statt dessen bist Du, armes Geschöpf, in die umgarnenden Netze des Teufels gefallen, und wir haben Jahre unaussprechlichen Leids um Deinen Verlust durchgemacht.

Jetzt kennst Du den Schmerz, den das Hinscheiden eines Kindes bereitet, und kannst unsere Qualen verstehen. Dein Vater ist, wie Du weißt, daran gestorben. Und weiß Gott, ob die Krankheit Deines Sohnes nicht von jenem Leid herrührte, das er womöglich gespürt hat. Ich hoffe, Du hast Dir ein wenig von jenem Glauben bewahrt, der Dich die ganze Kindheit hindurch gestützt hat, und wünsche Dir, daß er Dir heute helfe, den Schmerz zu ertragen, eingedenk dessen, daß sich der Wille des Herrn vollendet hat. Tröste Dich mit der Tatsache, daß Dein Sohn jetzt bei den Engeln weilt. Gewiß wird er Dich aus himmlischer Höhe beschützen. Dir bleibt nichts anderes, als um Vergebung zu flehen, und sei bereit, für Deine vielen Sünden zu zahlen. Wie Du weißt, hätte ich mir gewünscht, daß Dein Sohn im geheiligten Grab der Familie ruht, neben dem Großvater, der ihn so sehr geliebt hat. Ihn in der Fremde begraben zu wissen, kann meinen Schmerz und meine Verzweiflung nur mehren. Es ist, wie Du Dir vorstellen kannst, ein nicht wieder gutzumachendes Unrecht, das Du nicht nur gegen Deine ohnehin geschlagene Mutter begehst, sondern auch gegen das Andenken Deiner frommen Vorfahren. Es ist der Beweis dafür, daß der böse Geist noch nicht von Dir gewichen ist, daß Dein Mann Dich noch immer in der Verstrickung gefangen hält. Hüte Dich davor, und Du wirst Dir weitere Leiden ersparen. Der Böse liegt immer auf der Lauer. Besprenge das Haus mit Weihwasser und hänge Heiligenbilder auf, zieh unseren Beichtvater zu Rate, bete, bete und nochmals bete. Auf daß Gott Dir vergebe.

Sie war mein kleines Mädchen. Das erste Mal, in einem Hotel, hab ich sie unter die Dusche getragen und gewaschen, als wäre sie mein Kind. Ich küßte ihre nasse Haut, und auch sie hat mich geküßt. Sie weinte. Auch ich habe geweint, als ich sie weinen sah. Es war das erste Mal, daß ich bei einer Frau weinte. Ich kann mich gut erinnern an dieses Hotelzimmer am See, an die rotgeblümten Gardinen, den falschen Brokat, das Tischchen, das Linoleum, die Lampenschirme aus Stoff, die Wände, die mit einer alten bunten Tapete beklebt waren, das orangefarbene Licht des Lampenschirms. Ein Nachmittag im Herbst, Geräusche von Booten.

Daß sie mein kleines Mädchen war, hab ich sofort begriffen, als sie vor meinen Augen das knappe Hemdchen abstreifte, die um die Fesseln enge Hose. Ich sah ihre elastisch natürliche Anmut entblößt. Ich sah ihre unschuldigen und geweiteten Augen, dunkel, schwarz wie ihr Haar und wie die scharf gezeichneten Brauen. Ich sah im Halbschatten ihren bleichen mageren Körper, leichtsinnig, schamlos, ohne es zu wissen. Der Körper, vielleicht bebte er, war das Erschütterndste, das ich je gesehen hatte. Er war eigens dafür geschaffen, mich zu erschüttern, und ich betrachtete ihn mit Verwunderung. Die Wölbung ihres Rückens, die zarten Brüste, die hellen Schultern umspielt von nachtblauen Locken, der lange Hals, das dichte Körperhaar, die dunklen Augen größer als sonst, diese Arme, die auf den Schenkeln ruhten.

Ja, ich weiß. Anfangs habe ich oft gelächelt, aber dann lächelte ich nicht mehr. Und auch wenn ich ein Lächeln andeutete, sah ich meinen Blick verschleiert von einer Angst, die ihn verfälschte und meine Augen verengte. Ihm sagte ich, meinem Mann: Ich kann nicht mehr lächeln. Meine Augen hefteten sich an Kleinigkeiten: ein Aschenbecher, der nicht am Platz stand, ein Gegenstand auf dem verkehrten Möbelstück, die auf dem Sessel liegengelassenen Strümpfe, die Zigaretten auf der Anrichte, ein Fettfleck auf dem Fußboden, ein Stuhl, der leicht aus der Flucht der Tischkante gerückt war, ein schief hängendes Bild. Meine Aufmerksamkeit war gefesselt von Einzelheiten, über die ich mich aufregte, als sähe ich sie durch ein starkes Vergrößerungsglas.

Dieser dichte Wald von Winzigkeiten war binnen kurzem meine Welt geworden. Die einzig bewohnbare Welt, deren bedrängende makroskopische Gegenwart mir bewußt war. Ich fing an, Tassen, Teller, Gläser und Bestecke zu waschen. Ich musterte sie unter dem Neonlicht, um auch das kleinste Staubrestchen zu entfernen, und tat sie wieder, in Reih und Glied wie Soldaten, an ihren genauen Platz, ins einzig mögliche Regal oder Schubfach. Ich sah die Langsamkeit und Vorsicht meiner Hände, als wären diese makroskopischen Kleinigkeiten allerfeinste Kristalle, auf deren Unversehrtheit ich allein achten müsse. Die anderen bemerkten diesen kleinen Wald von unversehrt zu bewahrenden kleinen Dingen nicht. Am allerwenigsten mein Mann, der mich ansah wie eine

Irre. Dieser eisernen Wachsamkeit hab ich zwei Jahre gewidmet. Dann beschloß ich fortzugehen.

Liebste Eltern,
leider können wir in den Weihnachtsferien nicht kommen. Meine Frau ist noch nicht ganz wiederhergestellt, und ohne Heizung würde sie unter der Kälte leiden und Gefahr laufen, wieder zu erkranken. Gewiß, wäre der Rohbau unseres Hauses fertig, oder nahezu, dann wäre alles anders. Außerdem muß ich Euch leider sagen, daß ich an Nierenschmerzen leide und einmal, in der Nacht, den Notarzt rufen mußte, wegen einem schrecklichen Anfall. Man hat bei mir eine Röntgenuntersuchung gemacht, und die ergab, daß ich eine Mißbildung an der linken Niere und einen kleinen Stein habe. Ich bin in guter Behandlung und halte strenge Diät, um das Risiko weiterer Krisen auszuschließen. Aber der Arzt hat mir empfohlen, Kälte zu meiden. Als ich ihn fragte, ob ich über Weihnachten nach Sizilien fahren könne, fragte er mich, ob es dort Zentralheizung gibt. Nein, antwortete ich, und er sagte, ich sei verrückt. Ich wollte Euch nichts von meinen Malaisen schreiben, aber andererseits möchte ich nicht, daß Ihr vergeblich auf unser Kommen wartet. Ich lege 1000 Lire bei, für einen weißen Nelkenstrauß, den Ihr ans Grab des Kleinen bringen sollt.

Liebste Eltern,
ich begreife Eure Enttäuschung wegen unseres Ausbleibens, aber leider hindert die Krankheit meiner Frau,

und meine, uns am Reisen. Um mich braucht Ihr Euch jedenfalls keine Sorgen zu machen. Wir haben hier allen Komfort, und die Zentralheizung läuft den ganzen Tag, also leiden wir nicht unter der Kälte, auch wenn die Außentemperaturen sehr niedrig sind und es seit Tagen schneit. Außerdem gibt es hier gute Ärzte, die uns helfen, die uns aber von längeren Reisen abraten, zumindest im Augenblick. Danke, Mamma, für den Mandelkuchen und die Plätzchen, die auch meiner Frau sehr geschmeckt haben. Ich lege 1000 Lire bei, für weiße Nelken. Gebt dem Kleinen von uns einen Kuß.

Vor der offenstehenden Tür des weißen Hauses seiner Eltern hat er zu mir gesagt: Warte hier auf mich. Und ist hineingegangen. Von weitem sah ich den großen Leberfleck auf dem breiten Gesicht seines Vaters. Er brüllte: Ihr werdet mich nicht wiedersehen. Mit einem heftigen Ruck riß er die schwere wollene Tischdecke herunter, und auf die Erde stürzten Gläser, Tassen, eine Suppenterrine, Eßbesteck, Papiere, Geld, Fotografien und die schmerzensreiche Madonna. Während Weihwasser auf die Steinfliesen schwappte, schrie er noch einmal: Ihr Schweine, ihr werdet mich nicht wiedersehen.

Ich sah den weißen Rahmen der Tür, das morsche Holz, die gesplitterten Fensterscheiben. Ich hörte noch das Schluchzen seiner Mutter, einen Klagelaut. Er kam heraus, ohne mich anzusehen, ging ein paar Meter weiter mit seinem langen Schritt. Ich glaubte, ich würde mich verlaufen, wenn ich bliebe, allein auf diesen engen staubigen Gassen. Als er sich umschaute, hab ich ihn eingeholt. Wir ließen den Stadtpark hinter uns, wo es nach Jasmin und Strandkiefern duftete, die hohen schmiedeeisernen Gitter, die Sitzbänke auf dem Bürgersteig. Wir gingen durch die Schranke am Bahnhof. Er trank einen Schluck Wasser, hielt den offenen Mund unter den schwachen Strahl aus dem Brunnen. Die Papyrusstauden daneben waren sehr grün und hoch. Diesen Sommer fehlte es nicht an Wasser, die Brunnen waren voll, und die Zisternen auf den Terrassen flossen über. Ich hätte mir gewünscht, woanders zu sein, im Garten beim Haus meiner Kindheit, auf den hageren Knien meines Vaters, auf den langen Bänken der Kathedrale oder auf den Treppenstufen, das Auge der Zeiss auf mein weißes Kleid gerichtet. Ich hätte mir gewünscht, im Wald zu sein, den Moosduft zu riechen, mich nach saftigen Steinpilzen zu bücken, durchs Laub zu schlittern.

Auf dem Bahnsteig warteten wir, ohne ein Wort zu sprechen, und als die Glocke tönte, sah ich den schrägen Bug des Schnelltriebwagens in der Kurve langsamer werden. So endete, in diesem Jahr, unser Urlaub.

Kleine weiße Lichter, die im Dunklen vorbeiziehen. Ihr Vorbeigleiten ist viel langsamer als das Rumpeln der Schienenstöße. Vor dem Fenster ein Wechsel von mattem Leuchten und nahen Blitzen, die über unsere verborgenen Gesichter huschen, über gekrümmte

Körper. Im Hintergrund schweben Reihen zarter Punkte, dann nichts mehr. Noch einmal Phasen von Helligkeit, dann das dumpfe Geräusch einer Tunnelgalerie, und wieder Blitze, Ahnung von Gelb und Wellen von Lichtpunkten, die aufsteigen und fallen. Kirchenfenster und ein Hauch von Friedhof. Laternen. Der Waggon rollt aus, und das Kreisen auf den Schienen verlangsamt sich. Kreischende Bremsen, wartende Stille, näherkommende Stimmen, Schweigen.

Blecherne Durchsage: der lustlose Name eines Bahnhofs. Hastende Schritte, die stehenbleiben, weiterlaufen. Neben den Gleisen lange Dächer im Neonlicht. Warten. Schwere Koffer werden gerückt. Körper recken sich, strecken sich. Ein Knistern. Wieder eine blecherne Durchsage. Brausende Einfahrt eines Zuges, blinkende rote Lichter, die Lokomotive schnaubt. Zweimal das Knallen schwerer Türen. Geruch nach Mandarinen und Schafskäse. Stille. Ein Pfiff zerschneidet die Neonblässe. Und wieder das Baßdröhnen der Schienen, das Klirren von Weichen, dann löst sich alles in raschem rollenden Lärm, zeitweilig übertönt vom dumpfen Grollen der Tunnels oder eines Zuges, der hautnah vorbeirast. Ein waagrecht entgegenkommender Lichterblitz.

Hier liegen angezogene Knie, schweißnasse Köpfe auf diesen weichen Polstern, breite Hände auf der Brust. Hier schlafen alleinreisende Männer, ihre Schuhe aufgeknüpft. Sie schnaufen schwer und schnarchen wie Schweine, der Schlaf trägt sie, je vier auf einer

Seite. Die Mütter haben nichts gesagt, die Väter brummten ein paar Worte, dann schauten sie, reglos auf dem Bürgersteig, den sich entfernenden Fenstern nach, die um die erste Kurve verschwanden.

Hier wuchteten Männer schweres Gepäck, Schachteln, Säcke gefüllt mit Mandeln und Indienfeigen, Flaschen voll Öl und Wein, Kapern, Zitronen, Oregano, Oliven so dick wie Nüsse, hausgebackenes Brot, Basilikumblätter, Tomatenkonserven, Pfefferschoten. Ein Geruch, der die Summe schweifender Gerüche ist. Am schlimmsten ist es, im Morgengrauen zu erwachen, mit diesem Geräusch und diesen starken Gerüchen, und anderen Landschaften vor dem Abteilfenster. Wir sind hier, wir sind da. Jemand hat mit den Fingernägeln eine Orange geschält, jemand reicht einen Becher Kaffee weiter, der eine beißt in ein Brötchen, der andere raucht. Der dritte tut nichts. Ich rauchte immer im Morgengrauen, wenn ich steif und ächzend von meiner Pritsche stieg. Diese Reise habe ich lange Zeit nicht mehr gemacht.

Keine Zeit. Ich weiß, für mich gibt's keine Zeit mehr zu lachen, umherzuwandern, jemanden zu umarmen, den schmutzigen Strand meiner Heimat zu sehen, Gramolate zu lecken, umherzulaufen zwischen den niedrigen Wänden, die Indienfeigen zu schälen, die mein Vater früh am Morgen mit dem Stock sammeln ging. Keine Zeit, die Feigen zu schälen, vorsichtig vor ihren boshaften Stacheln sich hütend, von dem körnigen, gelb rot grünen Fruchtfleisch zu kosten.

Eine Woche lang hatte er Fieber: Angina, sagte der Arzt. Er sagte mir auch, es sei übertrieben, daß ich mir solche Sorgen machte. Es sei ganz logisch, daß er sich schlecht fühlte, es sei normal, daß er schwach war und viel schlief, sich beklagte. Eines Nachmittags, vor dem Fernseher, während er Wer's weiß, gewinnt anschaute, fing er aus dem Mund an zu bluten. Wir haben den Notarzt gerufen. Als er kam, trat er nicht mal ins Zimmer. Von der Türschwelle sah er ihn auf der Couch liegen und betrachtete seine Gesichtsfarbe. Ich berichtete ihm vom Fieber und den schwarzen Flecken am Körper. Er hat sich umgedreht und meinen Mann untergehakt, als sei er ein alter Freund, und am Ende des Korridor sagte er ihm den Namen der Krankheit. Ich verstand nicht, warum, aber wir packten ihn ins Auto und brachten ihn ins Krankenhaus.

In einer Ecke des Korridors, im Krankenhaus, sah ich meinen Mann telefonieren, mit leiser Stimme: zum erstenmal hörte ich den Namen der Krankheit. Mein Mann wollte ihn nicht in diesem Krankenhaus lassen, er vertraue den Ärzten nicht, sagte er und beschloß, ihn in eine Kinderklinik in Mailand zu bringen. Am nächsten Tag legten wir ihn auf die Rückbank des Ford Taunus und sind zu Hause vorbeigefahren. Auch er wollte mit nach oben. Bevor wir losfuhren, sagte er: Es ist das letzte Mal, in dieses Haus kehre ich nicht mehr zurück. Unterwegs haben wir an einer Bar gehalten, weil er Pipi mußte.

In der Klinik meldeten wir uns an der Pforte an,

fuhren mit dem Fahrstuhl nach oben, mehrere Stockwerke hoch. Das Kind zitterte in meinen Armen. Ich legte es sacht auf das Bettchen im Zimmer, das man uns angewiesen hatte. Wir warteten, bis er einschlief, und sprachen mit dem Arzt. Diese Nacht würden wir nichts mehr tun können für das Kind: erst am nächsten Tag würde man ein zusätzliches Bett für mich aufstellen. Er hat geweint, als wir fortgingen. Zum Schlafen gingen wir in ein Hotel in der Nähe, eine etwas verfallene Pension. Eine alte Dame, die wenig Worte machte, begleitete uns über die knarrende Treppe aufs Zimmer. Ich kann mich nicht erinnern, wie wir die Nacht überstanden haben.

Ich erinnere mich an den nächsten Morgen. Ich sah ihn in seinem weißen Bettchen, man hatte ihm schon Blut abgenommen. Sie haben mir so wehgetan, sagte er, du mußt immer bei mir bleiben. Ich laß dich nicht allein, sagte ich. Ich bin dortgeblieben und hab auf dem Bett neben seinem geschlafen. In diesem Zimmer war noch eine andere Mamma mit ihrem Söhnchen, dick und munter, ihm schien nichts zu fehlen.

Claudio erholte sich. Ich sagte es dem Arzt: Heute so, morgen kann man nicht wissen, hat er mir geantwortet. Claudio spielte und hüpfte und machte Kapriolen auf dem Bett, er war nicht zu bremsen. Und er sang. Alle zwei Tage nahm man Bluttransfusionen vor. Mein Mann kam abends nach der Arbeit und fuhr wieder in der Nacht. Dann bekam ich Fieber.

Sie müssen gehen, hat der Arzt mir gesagt. Claudio weinte drei Tage lang, die Flecken vermehrten sich, er wollte nicht mehr singen und springen, wollte keine Märchen hören. Am letzten Tag im März durfte ich wieder zu ihm. Es war Ostern, und er war müde. Ich erinnerte mich an seine Worte: In dieses Haus kehre ich nicht mehr zurück. Dann erholte er sich, und die Transfusionen wurden seltener. Das Kind kann entlassen werden, sagte der Arzt, wenigstens für den Augenblick. Auf Zehenspitzen stand er am Fenster und wartete auf den weißen Taunus seines Vaters, der ihn nach Hause bringen würde.

»La vedo scendere in fretta dal treno,
stringersi forte una bimba sul seno,
che nel baciarla mammà la chiamava,
e intanto il treno fischiava fischiava.
E io pensando alla strana avventura
distrattamente mi misi in vettura...«

Hier liege ich auf meinem Bett, wo ich oft mit ihr schlief. Meine Augen sind geschlossen, und in meinem Kopf hallt das Lied wider, das mein Vater am Abend sang, wenn er vor der Tür auf dem Bürgersteig saß. Ich spüre es in den Knien klingen, durch die Muskeln steigen und halten im Bauch, der zur großen, laut dröhnenden Trommel wird. Dann schwingt die rauhe, melodiöse Stimme meines Vaters durchs Brustbein, singt weiter in den Schultern, fließt durch die Arme hinunter und verweilt in den offenen Händen. Plötzlich prallt sie zurück in den Kopf, pocht in den Schläfen. Sie verstummt und braust wieder auf in den Augenhöhlen, die zu klein sind, um diesen mächtigen Klang zu umfassen. Am Grunde des Hörlabyrinths ist sie verklungen.

So ist auch der Zorn auf meinen Vater abgeklungen. Eines Morgens sah ich seinen kraftlosen Schritt und seine unschuldigen Augen. Und meine Mutter kam mir stark und gefestigt vor, als habe sie ihm in einer einzigen Nacht alle Schläge eines Lebens heimgezahlt. Ich hatte nicht geglaubt, mein Vater könne so schwach und unschuldig werden. Vielleicht hat er bezahlt, dachte ich, hat bezahlt dafür, was er getan hat. Ich sah sein langsames Einhertappen, seine feuchten Augen, seine furchtsame Sprechweise, seine zitternden Hände und dachte: Vielleicht hat er bezahlt.

Seine Untreue, sein Auf und Davongehen, die Stockhiebe im modrigen Stollen hinter der Küche, seine Überheblichkeit, die Fußtritte und Kränkungen für meine Mutter. Alles war ausgelöscht an diesem Morgen, und geblieben ist seine gebrechliche Gestalt, eingehüllt in eine schwere alte Jacke, die sizilianische Coppola tief in die einstmals offene Stirn gezogen, die Augen feucht schimmernd, der große Leberfleck auf seiner Wange, der Schnurrbart gelb geworden, das breite, verknotete Halstuch, die Wollweste, die Hose viel zu kurz und abgewetzt, die Schuhe zerschlissen. In seinem düsteren Schweigen, so dachte ich, mag er an meiner Abwesenheit gelitten haben wie an einer Schuld.

Es war Samstag, und es regnete in Strömen. Es schien, als hingen die Wolken tief. Er wollte die kleine Giuseppina sehen, und wir sind bei ihr vorbeigefahren: er umarmte und küßte sie. Am Nachmittag, nach vier, kamen wir nach Hause. Dieses Wort: In dieses Haus kehre ich nicht mehr zurück, es schien keinen Sinn mehr zu haben. Ein falsches Wort. Zu mir sagte er: Ich will Pizza. Ich mach sie dir morgen, hab ich zu ihm gesagt. Mein Mann sagte: Gib ihm alles, was er will.

Ich holte Hefe von einer Nachbarin und machte Pizza. Er hat alles aufgegessen: Pizza, Gemüse, Fleisch, Milch, ein Schokoladenei. Er wollte nicht schlafen gehen. Spielte mit seinem Freund Rudy, radelte auf seinem grünen Tretauto den Korridor entlang. Im Wohnzimmer saßen meine Schwiegereltern, die Nichte und der Neffe meines Mannes. Mein Mann sagte zu mir: Jetzt muß er aber schlafen. Er wollte nicht schlafen. Im Bett fing er an zu klagen: Ich habe Bauchweh, ich muß aufs Klo. Ich trug ihn ins Bad. Plötzlich rief er: Mamma, ich hab schwarze Kacki gemacht, das wird sein, weil ich Schokolade gegessen habe. Ich sah diese Farbe. Wir haben den Arzt angerufen: am Telefon sagte er, es sei kein Grund zur Aufregung. Die ganze Nacht, als er im Bettchen mit den hohen Gittern in unserem Zimmer lag, sagte er, daß er Bauchweh habe. Gegen sechs Uhr, es dämmerte schon, haben wir noch mal mit dem Arzt telefoniert.

Der Morgen verging, und er wollte Märchen hören. Gegen Mittag hab ich ihn auf den Arm genommen, ins Bad getragen und gewaschen. Seine Wange an meine gedrückt, blieben wir vor dem Spiegel stehen. Sieh mal, wie sauber du bist. Ich strich mit der Hand über sein feines Haar. Er warf den Kopf nach hinten und hatte die Augen geschlossen. Ich habe geschrien, und dann kam mein Schwiegervater, nahm das Kind und trug es ins Bett.

Mein Mann sagte: Alle hinaus. Das Kind hat wieder die Augen geöffnet, sie aber gleich wieder geschlossen und keuchend nach Luft geschnappt. Wir rannten die Treppe hinunter, im Auto hielt ich ihn auf dem Schoß. Er hatte wieder die Augen offen, war schweißgebadet. Er sagte: Will nicht, will nicht.

Es regnete noch, und die Scheibenwischer zeichneten Wasserbögen aufs Glas. Um zwanzig vor drei waren wir im Krankenhaus. Niemand war da. Nach einer halben Stunde kam ein Arzt. Sie legten Claudio unter das Sauerstoffzelt. Mein Mann war bei mir, und eine alte, energische Schwester. Claudio sah mich an. Ich wollte ihm mit dem Finger eine Träne abwischen, die über seine graue Wange rann, aber die Schwester ergriff meine Hand und bekreuzigte sich. Als ich aufstand, hörte ich meine Schwiegermutter schluchzen, die sich weinend auf die Erde geworfen hatte. Mein Schwiegervater stand aufrecht neben ihr, auf dem breiten verglasten Korridor. So ist es passiert.

Vielleicht macht jemand die Tür auf. Ich möchte die Augen öffnen, mich vom Licht überfluten lassen. Da ist aber nichts, was mich aus diesem Dunkel reißen könnte. Wo wir nackt gewesen sind. Dein ätherischer Körper bewegte sich gut. Nichts mehr und nichts weniger. Richtig die Arme, richtig die Hände, die Schenkel, die Füße, der Kopf, die hinter meinem Rücken verhakten Beine. Ich nahm deinen Kopf zwischen meine Hände, sah dein aufgelöstes Haar. Ich hab nicht geweint, aber ich hätte gern. Das war vor etwa zwanzig Jahren. Es war Nacht, im Zimmer nebenan hörten wir fröhliche Stimmen und Gläser klirren. Man sprach nicht über uns. Sie wußten nichts von uns, die wir wenige Meter von ihnen entfernt lagen.

Deine Mutter erfuhr es dann, eines Nachmittags gegen fünf. Immer stärker hat sie an die Tür deines Zimmers gehämmert, wo wir nackt lagen. Du hattest abgeschlossen, bevor sie stören konnte. Du sagtest: Verschwinde, du widerst mich an. Sie bearbeitete weiter die Tür mit Fäusten. Deine beherrschte Ruhe, die Raserei deiner Mutter, dein verzerrtes Gesicht, meine Nacktheit, aufrecht, gespiegelt im Spiegel des Kleiderschranks. Ein Lachen explodierte mir im Bauch, das ich nicht unterdrücken konnte, und je mehr sich dein Körper an meinen drängte, desto weniger gelang es mir, den Lachanfall zu beherrschen.

Voll Entsetzen hast du mir die Hände auf den Mund gedrückt, aber das Lachen war stärker als deine Hände. Deine Augen, weit aufgerissen und rot, blickten ungläubig, und je länger sie mich anblickten, desto stärker platzten Geräusche aus meiner

Kehle, die das Zwerchfell vergeblich zurückzuhalten versuchte. Tränen tropften mir auf die nackte Brust und auf deine kleinen Brüste, während die Faustschläge deiner Mutter in die Ferne rückten, übertönt von meinem unkontrollierbaren Lachen. Ich hab mich kraftlos aufs Bett fallen lassen, schluchzend, und mich auf den Laken gekrümmt, in der Illusion, die Matratze könne die trockenen Stöße dämpfen, die mir die Brust zerrissen. Dort blieb ich liegen, bis alles verhallte: Schluchzen, Faustschläge, Gelächter. Auch dein Schrecken, der sich in Tränen auflöste.

Jetzt, bei deiner Rückkehr, gibt's keine Angst. Im Gegenteil, ich spüre eine sonderbare Natürlichkeit, eine Vertrautheit beim Rascheln der Papiere, die du an meinem Bett in den Händen hältst. Als wärst du nie fortgegangen, als hättest du nie diese Wohnung mit den niedrigen Zimmerdecken verlassen, die du so gut kanntest, diese engen Räume, von denen du Besitz ergriffen hast. Vielleicht bist du niemals fortgegangen. Vielleicht gingst du fort und wußtest, du würdest wiederkommen.

Danach hätte ich noch ein paar Tage bleiben können, mich auf dem Strand ausstrecken, noch kühl von der Morgendämmerung. Ich hätte meine elastische Haut wiederfinden können, von damals, als deine Finger dort glühende Spuren hinterließen. Oder warten darauf, daß Tage die Tage verschlangen, und neue Tage wiederum andere Tage, wie eine Tunnelgalerie, die das Dunkel auffrißt, und das Dunkel mich und meine Gedanken, meine Ruhe, das Lächeln meines Kindes, seine Stiefelchen, mein Leben mit diesem Mann, der neben mir liegt. Ich hab die Stunden wartend verbracht, den Aufprall der Bälle am Eisentor der Garage gezählt, dem Klang seiner hellen Stimme gelauscht, seinen raschen Schritten auf dem Asphalt und den Freunden, die ihn riefen. Alle Sonntage unseres Lebens habe ich darauf gewartet, ins grüne Herz meiner Kindheit zurückzukehren.

In feuchten grünen Wäldern schwamm meine Kindheit, die schmale Gestalt meiner Mutter gebückt, um kleine Blumen zu pflücken, während mein Vater dort unten verschwand, jenseits der Brombeerhecke, und die Pilze im Korb betrachtete, Steinpilze und Rotkappen. Dann zog er die Landkarte hervor und nannte den Namen der Gegend: Civra. Du machtest Witze, wenn ich dir sagte: Gehn wir Pilze sammeln. Und willig bist du mir gefolgt, lustlos, die Hände im Rücken verschränkt. Ich trat in den Wald wie in ein altes Haus, hatte nicht das Bedürfnis, dich an der Hand zu nehmen.

Mit dir bin ich eingetreten in dieses Haus, und nur dort fühlte ich mich zu Hause; die ersten Male breiteten wir eine Decke über das Laub, und auf der Decke, am Abhang, haben wir uns geliebt. Dann war alles vorbei, und ich begriff, daß du es eilig gehabt hast mit der Liebe. Ich ließ deine Gleichgültigkeit auf dem Waldweg dahinlaufen, während ich Abstürze hinunterstieg und mein Stock, der im Laub stocherte, wimmelnde Insektenzüge überraschte. Immer habe ich Insekten geliebt, das anonyme Rascheln unter dürrem Gestrüpp. Ich habe immer nach oben geschaut, nach den Ästen, um Eichhörnchen zu entdecken, Mauerspechte und Grünfinken.

Ich habe sie an der Hand gefaßt. Wir saßen in einem kleinen Café an der baumbestandenen Allee, die zu den Schulen führt. Wir hatten zwei Brötchen und zweimal Orangensaft bestellt. Ihre Augen schlossen sich einen Moment, dann blickten sie wieder forschend umher. Blieben wieder an meinen hängen. Beim Sprechen fuchtelte sie mit den Händen, ließ sie sinken und streifte meine Unterarme. Sie fing wieder an zu gestikulieren. Das nächste Mal, vielleicht, werde ich sie zwischen meinen halten. Wieder schaut sie sich um. Kaut kleine Happen. Auch ich bin nicht hungrig. Lassen wir die Panini. Ich sage etwas zu dir, und deine weißen Hände fangen wieder an zu gestikulieren. Ich halte die Finger unter der Nase verschränkt. Deine Hände bewegen sich durch die Luft, machen kleine Wellenbewegungen. Bald werde ich sie zwischen meinen halten, die jetzt flach aneinander liegen. Du schaust mich an.

Ich beobachte eine schwarze Locke, die über das Augenlid fällt, du schiebst sie mit einer raschen Gebärde beiseite. Deine Zähne stehen ein wenig vor, sie benagen die Unterlippe. Dein Lächeln ist strahlend weiß, oft ruht dein rechter Zeigefinger am Kinn. Meine Hände lösen sich voneinander, ich verschränke wieder die Finger, dann liegt eine Hand ein Weilchen flach auf dem Rücken der anderen. Ich folge deinen Händen. Bereite mich auf die Natürlichkeit der Bewegung vor, auf die Einfachheit des Ergreifens. Es ist nicht so einfach, denke ich. Jetzt sind deine Hände fern, halb geschlossen liegen sie auf dem Tisch, die Ellbogen gespreizt. Allzu weite Sprünge sind nicht erlaubt, es wäre ein Überfall, und das will ich nicht. Abwartend stelle ich dir eine Frage.

Du siehst mich mit großen, leicht feuchten Augen an. Ich versuche deinen Blick einzufangen. Ich halte ihn fest, intensiv. Ringsum nehme ich keine Geräusche wahr, nur diesen weit offenen Blick und die Augen, die tränenfeucht sind. Dies ist der Moment. Ganz leicht und natürlich lasse ich meine Hand in deine gleiten. Na, also. Ich fühle, wie unsicher und leicht sie ist, und ziehe sie sacht zu mir. Jetzt streift meine Hand dein nervöses Handgelenk, das mit kaum merklicher Drehung in der Luft herabsinkt. Deine Hand ist der Hase, den der Falke geschnappt hat. Ich will nicht, daß sie flieht. Ich drücke etwas fester, lockere den Griff, und deine Hand wird noch nachgiebiger. Ich löse unmerklich meine Finger und verflechte sie mit deinen, die sich leicht spannen. Ich schließe die Augen. Eine Hand liegt auf der anderen. Dein Zeigefinger bewegt sich. Du schaust meine Hand an und sagst: Warm ist sie, deine Hand.

Mein Mann hat alles in seine roten Kalender geschrieben.

Memo für den Arzt. Vorerkrankungen. Gleich nach Geburt erbrach er oft die aufgenommene Milch. Thymusdrüsenaffektion bis zweieinhalb Jahre.

Mit anderthalb Jahren, im Sommer: Akute Krise mit Fieberkrämpfen.

Mit zwei Jahren Bronchiolitis. Anhaltende Appetitlosigkeit, besonders in den Sommermonaten.

Sommer desselben Jahres: Infolge eines Sturzes, in Sizilien, Oberschenkelfraktur, links. Anderthalb Monate Gipsverband, danach achtzehn Tage Traktion.

4. Februar: Sanguinolente Angina tonsillaris (dies die erste Diagnose). Behandelt mit Antibiotika, zeitweilige Besserung.

Montag, 13. Februar: Rückfall. In der Nacht Auftreten nadelförmiger Flecken im Gesicht, an den Armen, am Gaumen und auf der Zunge.

Donnerstag, 16. Februar: Zahnfleischblutung beim Zähneputzen. Behandelt mit hämostatischen Mitteln.

Freitag, 17. Februar: Im Bett.

Samstag, 18. Februar: Auf Anraten des Notarztes Einweisung wegen akuter Leukämie (der Name der Krankheit unterstrichen und mehrmals mit Kugelschreiber nachgezogen). Bestätigung der Diagnose nach erster Blutuntersuchung. Therapie: Ultracortenol.

Sonntag, 19. Februar: Notverlegung nach Mailand. Untersuchungen und Myelographie. Behandlung: Transfusionen. Vorher und nachher: Trimeton, ein Eßlöffel voll. Weitere Mittel: Panhämostatikum Idro P2 (dreimal täglich 20 Tropfen), Deltacortril (viermal täglich eine Tablette). Besserung nach ersten Transfusionen.

Montag, 20. Februar: Verlegung auf Privatstation.

4. März: Gummizwerglein (Brontolo), Hausschuhe mit weinroten Korksohlen und schwarz-grünes Anzüglein mit Gürtel ins Krankenhaus mitgebracht.

7. März: Schokolade, Bananen, Schokowaffeln, grüne Schachtel aus dem Küchenschrank rechts, Bambi, Pferdchen, Karussell ins Krankenhaus gebracht.

10. März: Lyovac Cosmegen (Daunomycin). Adresse: MSD, MERCK SHARP & DOHME, DIVISION OF MERCK & CO INC., WEST POINT, PA (USA). An Giuseppe in Amerika schreiben und fragen, ob dieses Medikament so wirksam ist, wie die Zeitungen schreiben. Mit dem Direktor von General Motors, Schweiz, wegen Daunomycin telefoniert, er wird sich an den Präsidenten von Montecatini wenden.

1. April: Aus Sizilien um Zusendung von Indienfeigensaft gebeten, der, wie alle sagen, bei Blutkrankheiten Wunder wirkt.

3. April: Drei Fläschchen Daunomycin eingetroffen.

8. April: Claudio aus dem Krankenhaus entlassen.

Fragen an den Arzt:

1. Wird er ein Vollbad nehmen dürfen? Antwort: Ja.

2. Darf er Eier essen? Ja.

3. Wird er im Zustand der Genesung im Juli mit dem Auto nach Sizilien fahren können? Ja.

4. Dürfte er, im Falle einer Krankheit, zu deren Behandlung Antibiotika nötig wären, diese nehmen? Ja.

5. Kann er die Zähne putzen? Ja, mit sehr weicher Bürste.

6. Glauben Sie, man könnte anschließend eine Radikalkur machen und versuchen, das Leiden für immer zu besiegen? Keine Antwort.

Eines Morgens, im Krankenhaus, erzählte er mir einen Traum: Ich bin geflogen, mit dem Papa und einer Biene. Papa war als Papierkorb verkleidet, und der Papierkorb war mit Pinguinen bemalt, die sich im Meer tummeln. Beim Fliegen hingen wir am Regenbogen. Der Regenbogen trug uns zur Sonne. Die Wolken hingen tief. Als wir ankamen, ging die Sonne in die Küche und machte uns allen etwas zu essen.

Eine Woche zuvor, am Nachmittag, wachte er auf und sagte zu mir: Mamma, ich hab eine so schöne Frau gesehen, sie hatte ein blaues Kleid und sagte mir, daß ich gesund werde. Aber wo hab ich sie gesehen? Dort hab ich sie gesehen, vor der Mauer. Und er deutete mit dem Zeigefinger auf ein kleines Bild, das an der Wand hing.

Um alle Gedanken zu vertreiben, könnte ich singen: Io tu e le rose, oder: Un cuore matto, matto da legare, Lieder, die er alle Tage in seinem Zimmer im Krankenhaus hörte. Dann legte er die Märchen der Brüder Grimm auf den Plattenspieler: Tausende von Märchen gibt es in meinem Herzen, die ich erzählen könnte... Ich kann mich noch gut an dieses Motiv erinnern: Die Platte macht Klick, und nun paßt auf, liebe Kinder, nach einem Weilchen wird sie stehenbleiben, aber wartet nur, ihr werdet noch eine hören, es war einmal, wird der Märchenerzähler sagen, und ein neues Märchen fängt an. Die letzte Silbe verhallte in einem Echo.

Claudio hat nicht gewartet. Die letzte Platte war Aschenbrödel. Es machte Klick, und der Plattenspieler drehte sich nicht mehr. Der Märchenerzähler blieb stumm, eingereiht zwischen die anderen, auf den Regalen seiner Kinderbücher. Ich hab sie angeschaut, immer wieder, wenn ich daran vorbeiging: die Regale, die Bücher, die Schallplatten. So endet...

Es darf nicht so enden. Hier liege ich auf dem Bett, und um die Gedanken an den Tod fernzuhalten, stelle ich mir vor, daß ich singe, Io tu e le rose. Ich könnte mich auch an etwas sehr Schönes und Fernes erinnern. An die Liebe. Wie oft habe ich vor dem Einschlafen die Schatten ferngehalten und meinen Geist gezwungen, zu Augenblicken der Liebe zurückzukehren. Intimsten und wunderbarsten Momenten, die ich mir vergegenwärtigte, Gebärden und Bewegungen ausschmückend, vertauschend, vermehrend und verlängernd, die in wenigen Sekunden vollbracht waren.

Phantasien. Sie lehnt den Kopf an meine Schulter, sie streicht mit den Fingern über meine Beine, sie kniet vor meinen Füßen und erhebt sich dann, löst sich von mir und zeigt ihre spröde Nacktheit. Kommt wieder näher, fährt sich mit der Zunge über die Oberlippe. Sie streckt sich und erwartet mich mit geschlossenen Augen.

Sie läßt sich liebkosen, stöhnt auf und streichelt mich. Oder: Sie ißt, und beim Essen legt sie den Finger an die Lippen, schaut mich verschmitzt an, schließt die Augen und wirft den Kopf zurück, den Finger zwischen die Zähne geschoben. Oder, oder. Statt dessen hat sie es vorgezogen, meiner Trägheit alle Initiative zu überlassen.

Eines Abends, im Juli, hat der Großvater dir von seinem Krieg erzählt. Eine kurze Geschichte von ganz langen Spuren im Schnee, die wie Fußabdrücke von Dinosauriern aussahen. Die Erzählung von einem zu strengen Oberleutnant, der ihm, zur Strafe, befohlen hatte, den Finger in die Kacke zu stecken und ihn vor den angetretenen Soldaten abzulecken. Wenn er erzählte, wie er den Oberleutnant in eine Kammer gesperrt und bis aufs Blut geprügelt hat, packte er mich, hingerissen vom Feuer der Erinnerung und mit hervorquellenden Augen, am Hemdkragen und hob mich mit nur einer Hand vom Boden hoch, wie er den Oberleutnant hochgehoben hatte, und ahmte die Fausthiebe und Fußtritte nach. Ich wußte ja schon, immer wenn er diese ferne Geschichte erzählte, der die Erinnerung jedesmal neue heroische Einzelheiten hinzufügte, blieb mir nichts anderes übrig, als die Rolle des Oberleutnants zu spielen.

Und du lachtest an diesem Abend und lachtest, während ich so tat, als bräche ich unter den schrecklichen Hieben meines Vaters zusammen. Keinerlei Angst in seinem Krieg, keinerlei Furcht während des

Rußlandfeldzugs, den er in der Erinnerung von fremden, zu allem bereiten jungen Frauen bevölkert sah. Wirr erzählte er von Frauen, die an Bahnstrecken arbeiten, von Nächten in den Baracken, von Zügen, von Schlamm und Eis, vom Wind, von einem toten Pferd auf der Ebene. Und deine Augen wurden groß und starr, wenn er erzählte, wie die Soldaten ein totes Pferd aßen. Dann wieder sprach er voll Stolz von mageren jungen Frauen, von Blicken, von Augen, vom Auf und Davongehen.

Danach sang er seine Lieder: La vedo scendere in fretta dal treno... Er hat dir seine amourösen Abenteuer aufgezählt, als wärst du sein Kumpan vom Briccola. Und du hast gelauscht. Plötzlich wechselte die Erzählung über zur Nachkriegszeit. Die Baronessa: eine reiche Dame, die im Nachbardorf in einer Villa wohnte, umgeben von Mandelbäumen, eine Gegend, die er Scheiße von Oben nannte, weil dort die Ebene in einen jähen, sehr steilen Felshang abbrach. Jeden Morgen brachte mein Vater ihr Milch und Ricotta, dann liebten sie sich unter den Feldmauern. Ich habe nie verstanden, warum sie sich auf der nackten Erde liebten, unter den Mandelbäumen, nachdem die Baronessa allein lebte. Meine Mutter, erinnere ich mich, sprach häufig von der Baronessa. Jeden Morgen sagte sie: Er wird bei der Baronessa sein.

All das hat dir dein Großvater erzählt. Du lachtest, ohne zu verstehen. Dann erinnerte er sich an seine erste Fahrt im Auto, im Balilla eines Freundes von ihm, Besitzer des Lichtspieltheaters im Dorf. In einer

Kurve, erinnerte er sich, kam eine Biene zum Fenster herein, und sein Freund fing an mit Armen zu fuchteln, um sie zu verscheuchen, und das Auto kam ins Schleudern. Und als der Wagen mit der Schnauze im Graben neben der Straße liegenblieb, brach sein Freund weinend über dem Lenkrad zusammen, und während er mit der Nase auf die Hupe drückte, hat er zu spät bemerkt, daß zwischen Nasenspitze und Hupe die Biene war. Sein Schrei, sagte mein Vater, war von der Meerenge von Messina bis zum Leuchtturm von Capo Passero zu hören.

Wirre Erzählungen voller Sprünge und Ungereimtheiten, aber leidenschaftlich wie Gedichte. An diesem Abend detonierte am Himmel ein Feuerwerk. Im Juli gab es im Dorf das Fest der Santa Patrona. Umzüge mit Pferden und Fahrrädern, Opernmusik von der Tribüne auf der Piazza, Buden mit Luftballons, die sich zischend an großen Gasflaschen blähten, Kichererbsen und Kürbiskerne in Tüten aus Zeitungspapier, Eis und Gramolate, saftige Wassermelonen, die Musikkapelle, der Park in strahlender Beleuchtung, die Palmen, Johannisbrot- und Olivenbäume, Zitronensträucher, Girlanden von roten gelben grünen blauen Lämpchen am Corso.

Als die Prozession die Piazza erreichte und die Heilige im Mittelpunkt stand, verlöschte das elektrische Licht, und Fackeln wurden angesteckt und Knallfrösche und Raketen abgefeuert, die uns unter die Haut fuhren.

Deiner Mutter hat die Festa gefallen, und wir

schlenderten durch die Menge und hielten dich an der Hand. Du hast dich auf den Nachmittag gefreut. Ich führte dich auf die alten Tribünen und mußte dich an den Hüften halten, während du hüpftest vor Freude, als du die Pferde sahst, die vom Bahnhof lostrabten. Schon von ferne hörte man die Hufe auf dem blanken Straßenpflaster und die Stimmen der dicht gedrängten Menge wie eine Woge aufbranden.

Meine Gedanken gleiten jetzt aus, wie die Pferde oft auf dem glatten Pflaster ausglitten. Wenn sie könnten, da bin ich mir sicher, würden sie lachen. Ich hab's satt, das Nachdenken.

Sie sprach nicht, lange Zeit hat sie nicht gesprochen. Oft wiederholte sie in Frageform die Sätze, die ich sagte, jedesmal mit gesenktem Kopf. Heute ist es kalt. Ist es kalt? Es gibt viel Arbeit. Viel? Überflüssige Fragen, die nur das zu tiefe Schweigen ausfüllten. Aber sonst hat sie nicht gesprochen. Ich sah, wie sie nachdachte. Eingehüllt in eine Wolke der Reglosigkeit, dachte sie nach. Manchmal sagte sie: Ich bin müde. Warum müde? fragte ich. Sie antwortete: Müde, und zuckte die Schultern. Ihre Gebärden wurden immer langsamer, sie wollte nur noch schlafen, sagte sie. Ihre Augen verloren ihre leuchtende Farbe, die ich gekannt hatte, und ihr starrer Blick glitt über die Dinge hinweg.

Einst trug sie farbenfrohe, enganliegende Kleider, jetzt sind ihre Bewegungen selten geworden unter dem grauen Overall, der jeden Tag größer wird. Ging sie umher, dann hörte ich ihre Pantoffeln über den Boden schleifen, sah den durchsichtigen Flaum, der ihr Gesicht überzog, die welke Haut unter ihren Augen, die Hände, die immer rauher wurden. Nie bin ich in die Wolke ihres Schweigens eingedrungen, und meine Hände wagten nicht den Overall zu streifen, der ihre Müdigkeit verhüllte. So wuchs die Entfernung zwischen uns, der Raum dehnte sich aus, unsere Schritte sind sich nicht begegnet. Ich faßte sie nicht mehr spontan um die Schultern, um ihren Hals zu küssen oder ihre Brüste zu drücken. Wollte ich sie genauer ansehen, dann wartete ich, bis sie nicht herschaute. Auch das Bett war so groß geworden, und wenn wir schlafen gingen, hörte ich ihre regelmäßigen Atemzüge, vielleicht schlief sie schon, vielleicht war sie wach. Ich trat in das dunkle Zimmer, und im Dunkel schlüpfte ich zwischen die Laken, ohne sie zu begehren. Im Dunkel sah ich ihre offenen Augen.

Wenn ich ihr sagte: Kaufen wir uns das Haus, und im September gehen wir, hat sie geantwortet: Im September. Dann weinte sie, ohne zu schluchzen. Immer weinte sie, aber auch ihr Weinen hat sich verändert. Früher hatte ich es gern, ruhig auf sie einzugehen und ihre kleinen Schmerzen zu lindern, weil ich wußte, sie konnte es nicht. Jetzt war ihr Weinen eine Klinge, die unsere Vergangenheit trennte. Alles war verbraucht zwischen uns, sogar ihr Weinen glitt ab an meiner Gleichgültigkeit.

Zweiter Teil

Nein, weit gelaufen bin ich nicht an diesem Abend. Fortgehen würde ich später. In diesem Wald kam ich mir vor wie eine Gefangene. Die kleinen Dinge waren so groß geworden, an diesem Abend, und rebellierten gegen meine Wachsamkeit. Als es mir endlich gelungen war, Ordnung zu schaffen, als Teller, Bestecke, Gläser wieder an ihrem gewohnten Platz waren, sah ich sie plötzlich auffliegen und mich verfolgen, bedrohlich wie Raubvögel. Da habe ich hastig den Mantel vom Haken gerissen, an dem er hing, hab die Pantoffeln abgestreift, hab sie am Boden liegenlassen und nach den Schuhen gegriffen, die neben der Schwelle standen. Ich habe die Tür zugezogen, ein Keuchen in der Brust, und bin die Treppe hinuntergerannt. Ich fürchtete, dieser enorme fliegende Wald könnte mich im Aufzug überraschen. Aber nachdem ich mit dem Schlüssel die Haustür verschlossen hatte, war ich sicher, er würde mir nicht folgen können.

Ruhig wanderte ich die Straße entlang. Ich atmete die kühle Luft und zuckte die Schultern und rieb mir mit den Händen die Arme, um mich aufzuwärmen.

In einer halben Stunde würde ich zurück sein. Mein Mann wäre schon zu Hause. Ich wollte mich nicht allein der Gefahr eines neuen Angriffs aussetzen. Aber die durchscheinende Luft machte mich leichtsinnig, und ich wanderte weiter, über die Brükke hinaus, die das Zentrum der Stadt mit der Peripherie verbindet. Ich lief die baumgesäumte Allee entlang, die zum See führt, sah die warmen Lichter am Kai, hörte Musik aus dem Kursaal dringen, sah junge Touristenpärchen sich auf Bänken küssen, sah rot und grün den Sprudel der Fontänen mitten im See. Und ich lief weiter unter den Linden, während die Luft auf meinen Wangen prickelte. Ich weinte vor Glück, als ich die Schwäne reglos auf dem dunklen Wasser sah, und die Enten am Ufer.

Ich wanderte bis zum letzten Landesteg, aber mir schien es, als hätte ich nur ein paar Schritte getan. Ich sah auf die Uhr, zog sie vom Handgelenk und warf sie in den See, der sie mit unmerklicher Aufwallung verschluckte. Ein paar hubraumstarke Wagen rollten rasch vorbei, Lichter schimmerten ferne am Fuß des Berges, zerschnitten von der kaum sichtbaren Linie, die den Verlauf der Seilbahn bezeichnete. Seine riesige Silhouette, schwärzer noch als die Dunkelheit, die mich umgab, war mir vertraut.

Die Dunkelheit, in der ich mit der Leichtigkeit eines Sonnenaufgangs schwamm, diese stechende Kälte, die zitternden Lichter auf dem Berg, der Berg so schwarz und mütterlich: mein Geist war eine intakte Oberfläche, weich wie der frisch gefallene Schnee, in dem mein Kind sich an Wintermorgen tummelte. Auf dieser Oberfläche bin ich stehengeblieben, und auf einmal hab ich verstanden. Ich habe verstanden, daß dieser fliegende Wald von kleinen Dingen mein Freund war, und wenn er über mich hinflog, rief er mir zu: Fort, fort, fort.

Ich bin nicht vor dieser Wohnung mit niedrigen, grünlichen Wänden geflohen, sondern vor dem Haus am Meer, in dem mein Mann mich zwingen wollte zu leben, vor seinem Dorf, vor seiner Rückkehr in die Heimat. Und daher, ohne es zu wollen, auch vor meinem toten Kind. Vor meiner Mutter? Vielleicht.

Seit Jahren lebe ich in dieser Mietskaserne am Stadtrand. Ich träumte davon, in meine Heimat zurückzukehren, doch von dem Haus, das ich mir vorstellte, gibt es nichts als ein graues Gerüst, und der Garten wird jetzt ein Dickicht sein voll Nattern und Mäusen. Ich habe immer in dieser Wohnung gelebt, in der Fremde. Hier habe ich gegessen, hier habe ich geschlafen. In dieser Wohnung mit den niedrigen Dekken, durch diese grünlichen Wände habe ich seine Stimme gehört: seine Freude, sein Geplapper auf dem Teppich in der Kammer, sein launenhaftes Plärren, seine Fragen. Ich sah ihn laufen, springen, fallen, wieder aufstehen und aufs neue fallen. Ich habe seine ersten wackeligen Schritte begleitet.

In dieser Wohnung habe ich meine Frau geliebt, auf diesem Bett hörte ich sie keuchen, und ihre kühlen Hände suchten die meinen. In diesem Bett wäre sie nicht auf den Gedanken gekommen, ich könnte sie mit Gewalt nehmen. Sie fing an zu stöhnen, wie sie's noch nie getan hatte, an ihrem Rücken lauschte ich den tiefen Seufzern, ich streichelte ihre Schultern, sie zitterte, ich grub die Finger in ihr Haar und verkrallte mich darin. Ich spürte die Lust in den

Muskeln der Beine, die meine umklammerten, das Beben, die Spannung des Körpers, das feuchte Aneinanderkleben. In diesem Haus hab ich dich geliebt. Ich bin deine Gefangene, sagtest du mir, während ich die Spitzen deiner kleinen Brüste fühlte, die gegen meinen breiten Brustkorb drückten. Bin deine Gefangene, und drücktest mir kräftig Arme.

In diesem Haus hab ich aufgehört, dich zu lieben, eines Abends gegen elf. Als ich die Fremdheit deiner Oberfläche verstand, das Unbehagen deiner eng an mich geschmiegten Beine und die Versuchung, sie mit einem heftigen Stoß beiseite zu schieben, die Unfähigkeit, es zu tun, meine Erstarrung. Die Gedanken, die sich in weiteste Ferne geflüchtet hatten.

In diesem Haus hat mein Sohn geschlafen, fünf Jahre und einen Monat lang: tausendachthundertfünfundfünfzig Nächte hier verbracht, auf diesem Bett und in dem Wissen, daß er nur ein paar Schritt entfernt in seinem Zimmer lag, zwischen den frischen Laken.

Manchmal, vor dem Zubettgehen, hab ich mich über ihn gebeugt, ich sprach zu seinem Schlaf, streichelte seine zarten Ohren, fuhr mit der Hand über sein feines Haar. Ich dachte, er könne auch im Schlaf die Wärme meiner Hände begreifen. Jetzt sind meine Hände tot. Auch mein Herz, die Beine, der Nabel und die Knie und das Haar und der Schnurrbart, den meine Frau jeden Morgen sorgfältig stutzt. Alles stirbt, was zu mir gehört. Die Eingeweide, auf deren unregelmäßiges Gurgeln ich seit Jahren angstvoll lauschte. Alles zerbröckelt, wie der Verputz der Wände dieser Wohnung, in der ich, ohne es zu wollen, zwanzig Jahre lang gelebt habe. Ich höre die Betonwände zerfallen, die Oberflächen zerbröseln wie die Mauern, die in mir sind.

Ich sehe ihn, wie er vor der Haustür sitzt und ißt. Über den Teller gebeugt, schnauft er und prustet Sauce auf den Tisch. Auch wenn er trinkt, macht er dauernd gurgelnde Geräusche, er hält die Flüssigkeit im Mund zurück und läßt sie von einer Seite zur anderen fließen. Das Schlucken ist eine Befreiung. Dann stopft er die Zipfel der Serviette in die Ohren und betrachtet sie aufmerksam. Zum Frühstück mischt er den Tee mit einem Glas Rotwein und tunkt hartes Brot ein.

Im Sommer sehe ich ihn langsam in Hausschuhen die Feldmauern entlang wandern, oder allein Patiencen legen und sich mit speichelbefeuchteten Fingern über die spitzen Enden des Schnurrbarts streichen. Ich höre ihn krächzen, bevor er seinen Auswurf hinausschleudert, wo immer er sich befindet, im Freien, in der Küche oder im Schlafzimmer, und bei jeder Gelegenheit, ob beim Essen oder beim Schläfchen im Liegestuhl. Mich überrascht die Geschwindigkeit seiner Hand, wenn er mit der Gabel die Fliegen aufspießt, die auf dem Tisch sitzen. Ich beobachte ihn im Winter, wie er sich in seinem kleinen, kalten Haus zwischen Küche und Kammer hin und her bewegt, eine Wolljacke über den Schultern, den schwarzen

Schal um den Hals, und auf dem Kopf die alte, zu kleine Coppola. In der Hand hält er ein altes, zerbeultes Töpfchen. Ich sehe seine Schildkrötenhaut in einer Scherbe gespiegelt, die über dem Gasherd befestigt ist, sehe, wie er sich sorgfältig rasiert, bevor er sich zum Tressette beim Circolo der selbständigen Bauern einfindet, einem Saal zwischen Bahnhof und Meer, am Corso.

Was mich nicht wundert ist sein zahnloses Grinsen nach dem Sieg, auch nicht sein Wutausbruch, wenn er verliert, was ihn veranlaßt, die Karten in die Luft zu schmeißen und auf den Boden spucken. Noch wundert mich sein schräges Schielen nach den Zügen des Gegners. Wir waren Gegner, ohne je Karten zu spielen. Ich wußte, meinen Vater könnte ich niemals schlagen.

Meine geliebten Eltern,
unser Leben verläuft wie immer. Am Mittwoch habe ich Euch durch eine italienische Bank das restliche Geld überwiesen, das Ihr mir für die Behandlung des Kleinen geborgt habt. Jetzt bleibt mir nur das Grab zu bezahlen, nachdem mir ein paar Meter Boden auf dem Friedhof am Hügel bewilligt worden sind, wenigstens auf fünfzehn Jahre, und mit der Genehmigung, einen Betonkasten zu errichten, zur besseren Konservierung des Sarkophags und folglich der sterblichen Hülle. Außerdem lasse ich einen kleinen Grabstein aus Marmor anfertigen, mit Sockel und Einfriedung rund um das Grab, auch dies in Marmor. Allerdings wird man,

wenn wir dann kommen, über den Wiederaufbau unserer Familiengruft sprechen müssen, denn früher oder später, mit oder ohne die Zustimmung meiner Frau, wird der Kleine dorthin verbracht werden, zumindest das, was uns von ihm geblieben ist. Lieber Papa, ich weiß, daß Du am allermeisten unter Claudios Tod gelitten hast, und Deine Anwesenheit in jenen Tagen hat mich sehr getröstet, außerdem unseren Kleinen beglückt bis zum Ende. Ich schicke Dir die Fotografie, auf der Du ihn im Arm hältst, habe davon zwei Vergrößerungen machen lassen, eine für Dich, eine für uns. Ich sende auch die Kirchenzeitung mit, in der der Pfarrer die Todesanzeige und die Fotografie veröffentlichen ließ. Dich und die Mamma kann ich nur noch um Verzeihung bitten, und um Verständnis für mich und meine Frau.

Ein Garten. Er wünschte sich einen Garten, von wo er den trägen Verkehr auf dem See beobachten könnte. Und ich hab ihn ihm versprochen. An jenem Nachmittag aber begnügte er sich mit dem Mini Morris: wir fanden ihn, klein und rot, nach langem Umherlaufen in einem Spielzeugladen. Er hat ihn angesehen und lange gestreichelt. Der Koffer war bereit, alle Spielsachen in einer Schachtel, einschließlich der Schallplatten, der Bücher und des Plattenspielers. Allen hast du fröhlich Lebewohl gesagt, hast den Großpapa an der Hand gefaßt. Du sagtest, du wolltest nicht mehr zurück ins Krankenhaus. Oh, ich vergaß: bevor wir gingen, wollte meine Frau im ersten Stock stehenbleiben, bei der Madonna von Lourdes. Du hast ihr dein goldenes Taufkettchen gelassen. Es regnete, und wir haben die Schirme aufgespannt, um den Wagen unter den Platanen zu erreichen.

Der Opa sagte zu dir: Morgen nehme ich dich mit, auf einen Spaziergang am See, da kannst du die Gärten anschauen und einen aussuchen, der dir gefällt. Unterwegs sahen wir ein Möbelgeschäft, wir kauften ein zusammenlegbares Bettchen, um es in unserem Zimmer aufzustellen. Wir wußten nicht, daß es nur eine Nacht gebraucht werden würde. Von Giuseppina hast du immer gesprochen, schon seit ihrer Geburt, und an diesem Nachmittag wolltest du sie besuchen, du hättest sie lieb, sagtest du, weil sie so klein und beinah ohne Haare sei. Deine weißen Hände haben ihren Kopf gestreichelt. Wie oft hast du sie geküßt. Letzte Küsse.

Du hast wenig gesprochen während der Fahrt. Nur um zu fragen, wann wir ankommen würden, um zu sagen, daß du müde seist und nicht mehr zurück ins Krankenhaus wolltest. Ich hab dir versprochen, ich würde dich nicht mehr ins Krankenhaus bringen. Du lagst mit dem Kopf auf dem weichen Kissen, das deine Mutter auf den Knien hielt. Als du deinen Freund Rudy sahst, der dich in unserer Wohnung erwartete, hat du nur Ciao gesagt, aber deine Augen leuchteten.

Ich bin allein. Bin immer allein gewesen. Jetzt ist mein kühler Kopf, tief eingesunken in dieses Kissen, schwer wie ein Fels. Ich erinnere mich an die großen Felsen, hinter denen wir uns versteckt haben, als Kinder, vor den Angriffen der Banden aus anderen Vierteln, die anstürmten und grüne Mandeln warfen. Das Denken tröstet meinen schweren Kopf und singt mir ein Wiegenlied zum Einschlafen. Manchmal würde ich mich gern umdrehen, auf dieser hart gewordenen Matratze: ich stelle mir die Bewegung vor, rasch und natürlich. Es muß an dem matten Licht liegen, das durch die Fenster dringt, oder es wird ein Lämpchen auf dem Nachttisch sein.

Auf dem kalten Marmor der Kommode muß es auch noch den alten Kompaß geben, den ich meiner Frau geschenkt habe. Ein Scherz, ich sagte ihr, vielleicht würde er ihr helfen, Norden und Süden zu finden. Aber sie hat immer, besser als ich, die Himmelsrichtungen gekannt. Ich nicht: ich sagte Nord und zeigte nach Süden, ich sagte Ost und zeigte nach Westen. Du bist eine Katastrophe, sagte sie lächelnd. Und während sie noch lachte, dachte ich daran, wie ich mich immer nach ihr gesehnt habe, nach ihren Augen, ihrem Haar. Dann hat sie nicht mehr gelächelt, auch nicht, wenn ich fälschlich nach Norden zeigte. Sie fing an, die Wasserspritzer im Waschbecken zu beobachten, Geschirr, Besteck und Gläser zu scheuern, einen einzelnen Punkt, unsichtbar auf dem weißen Küchenmarmor, zu putzen und wieder zu putzen. Und diesen Punkt hat sie im Gegenlicht betrachtet und einen Schwamm in die Hand genommen, immer bereit, einzugreifen und jedes Restchen

Staub und jeden unsichtbaren Fleck zu beseitigen. An diesem Punkt, zu dem sie in regelmäßigen Abständen zurückkehrte, trafen sich alle ihre Gedanken.

Die Wolken hingen tief. An der Grenze fing es an zu regnen. Ich reihte mich in eine Schlange von Autos ein, die in die Schweiz gekommen waren, um vollzutanken oder Schokolade, Bananen, Kaffee, Zucker einzukaufen. Oder Arbeiter, die jeden Abend nach Hause fuhren. Der bärtige Zöllner sah den Holzkasten auf dem Rücksitz. Er fragte mich: Haben Sie was zu deklarieren? Ich antwortete: Meinen Sohn. Er fragte: Wo ist er, Ihr Sohn? Ich deutete auf die Sitzbank hinter mir und zeigte ihm die Papiere.

Ein leichter Wind war aufgekommen, der den Regen vor sich her schob und seitwärts gegen die Scheibe drückte. Bei Mailand war der Abendhimmel klar und noch feucht: ich fuhr Abkürzungen, die ich schon kannte, und kam auf eine lange, mehrspurige Allee hinaus, die mich zur Autostrada bringen würde. Die Nacht ist niemals still, besonders nicht auf Reisen, doch diese Nacht war es, auch wenn es Stimmen gab und Überholmanöver schneller Wagen. Die Scheinwerfer von Autos und Lastern im Rückspiegel hinderten mich zeitweilig, mit ihm zu sprechen und die Lieder zu trällern, die er so mochte: Tu sei bello e ti tirano le pietre, und Ci sarà la rivoluzione, und dann Finché vedrai sventolar bandiera gialla. Und abermals: Amore ritorna le colline sono in fiore – ja, kehrt die Liebe wieder, dann blühen die Hügel.

Der Hügel lag hinter uns. Mit dem Zeigefinger klopfte ich den Takt auf das Steuerrad, während ich die grünen Ausfahrtschilder sah, die entgegengeflogen kamen. Und all die Namen hatten einen vertrauten Klang, ich wiederholte sie mit lauter Stimme, beinahe schreiend, damit auch er sie höre, wie auf früheren Fahrten.

Meine geliebten Eltern,
es tut mir leid, daß Ihr das restliche Geld nicht erhalten habt, das ich Euch durch eine Bankgutschrift überwiesen habe, zum Ausgleich Eures Darlehens für den Krankenhausaufenthalt des Kindes. Ich weiß wohl, daß der Kleine früher oder später in unsere Heimat überführt werden muß, aber die Entscheidung ist sehr schwierig. Meine Frau und ich verbringen schlaflose Nächte damit, die beste Lösung abzuwägen. Sie würde es vorziehen, ihn hier zu behalten, auf dem Friedhof ihrer Stadt, am besten im Familiengrab, wie es meine Schwiegermutter will. Aber ich habe Euch noch nicht gesagt, daß die Beziehungen zu meiner Schwiegermutter sehr schlecht sind. Als Ihr hier bei uns wart, in den letzten Lebenstagen des Kleinen, hab ich Euch immer gesagt, daß meine Schwiegermutter krank sei und deshalb nicht käme, um Euch kennenzulernen. Ich habe gelogen, weil ich nicht Leid auf Leid häufen wollte. In Wahrheit hat sie niemals akzeptiert, daß ihre Tochter einen Ausländer heiratete, und gar einen Sizilianer. Außerdem gibt sie sich sehr katholisch, führt immer seltsame Reden über die Religion und betrachtet mich

als Inkarnation des Teufels (das sind ihre Worte), der auf die Erde gekommen sei, um die Tochter zu verderben. Meine Frau leidet seit Jahren darunter. Ich habe immer vermieden, sie durch meinen Zorn zu belasten. Seit aber meine Schwiegermutter beschlossen hat, nicht zur Beisetzung des Kleinen zu kommen, unter Berufung auf ihre üblichen religiösen Motive und Argumente, will ich nichts mehr von ihr wissen. Darum, nichts von Familiengrab. Meine Frau spricht nicht mehr von ihrer Mutter, nicht mal, um sie zu verwünschen, meint aber, die beste Lösung wäre dennoch die Gruft ihrer Familie. Die Tatsache, daß unser Kleiner jetzt in einem fremden Grab beigesetzt ist, sogar ohne Namen und ohne Fotografie auf dem Stein, läßt uns keine Ruhe. Wie Ihr wißt, dachte ich daran, die Genehmigung für eine kleine Parzelle auf dem Friedhof am Hügel zu beantragen, und habe mich schon um den Grabstein gekümmert. Und dann? Wir wissen wirklich nicht, was wir machen sollen. Inzwischen könntest Du, Papa, Dich nach den Kosten erkundigen, die für den Wiederaufbau unserer Familiengruft dort zu Hause erforderlich wären, oder für den Bau einer kleinen Kapelle, bescheiden aber würdig. Angesichts meiner gegenwärtigen wirtschaftlichen Situation, nach den Ausgaben für den Krankenhausaufenthalt und das Begräbnis, wäre ich gezwungen einen Bankkredit aufzunehmen. Aber, falls notwendig, werde ich es tun, auch um den Preis großer Opfer, nur um uns Frieden zu geben, und dem Körperchen unseres Kindes eine Ruhestätte, die es verdient.

Du bringst mich zum Weinen, hat sie mir gesagt. Ich will nicht, daß du fortgehst aus unserer Stadt. Dies ist ein Land, das wir nicht kennen, wir kennen die Leute nicht, wir kennen das Klima nicht, du hast keine Freunde, du hast nur deinen Mann, der nicht an dich denkt. Es ist viel zu heiß, du wirst darunter leiden. Und dann ist es voller Diebe und Verbrecher, es gibt keine Berge, weder Wald noch Schnee, nur Sand. Es gibt kein frisches Wasser, und es gibt Mäuse und Unrat auf den Straßen. Dir wird passieren, was meinem Vetter passiert ist. Mein Vetter ging gegen den Willen seiner Eltern nach Amerika, er ist verrückt geworden und hat sein Leben in einer Irrenanstalt verbracht. Ich sage dir nur, was passieren kann. Und du weißt, daß Gott dich schon genügend gestraft hat für das, was du getan hast. Und wenn du deine Mutter zum Weinen bringst, wird er dich noch mehr strafen. Dir ist bereits ein Kind gestorben, jetzt bleibt dir nur noch komplett verrückt zu werden.

So hat meine Mutter zu mir gesprochen, als sie erfuhr, daß ich meinem Mann in seine Heimat folgen würde.

Ich habe seiner Stimme vom alten Tonbandgerät gelauscht. Er singt: Amore ritorna le colline sono in fiore, dann lacht er und sagt: Ich bin Claudio, der Bandit. Wieviel kostet ein Meridian? Wer's weiß, gewinnt. Wir haben ein hübsches Vögelchen gefunden, das heißt Pucci. Er singt weiter und sagt: Kann immer am besten den Bösen spielen. Und du, Opapa, warum willst du mir nicht schreiben? Du hast mich vergessen. Wenn du hierher kommst, laß ich dich auf meinem Schlitten sitzen, und wir fahren zusammen durch den Schnee. Dann unterbricht meine Frau: Los, komm jetzt essen. Und er: Nein, will nicht essen, ich will singen, singen.

Wie oft habe ich mich am Abend in mein Arbeitszimmer eingeschlossen und seiner Stimme gelauscht. Dann vergewisserte ich mich, daß meine Frau schlief, zog Schuhe und Jacke an und ging hinaus, ohne ein Geräusch zu machen. Den ganzen Tag wartete ich auf die Nacht. In der kühlen Dunkelheit des Frühlings machte ich mich auf den Weg, die Hände in den Hosentaschen. Langsam wanderte ich drauflos, als hätte ich kein Ziel vor mir, und hob nur den Blick, um in das Dunkel über meinem Kopf zu starren.

Aber ich kannte den Weg sehr wohl, den ich gehen mußte. Es war eine nicht eben kurze Strecke und ging bergauf. Ich wußte, ich würde am Ende unserer Straße ankommen, wo die Autos halten mußten. Ich wußte, ich würde einen Pfad einschlagen, der links zu einem Meierhof führte und rechts auf die steile Kurve der Landstraße hinauskam. Ich wußte, ich würde mich nach rechts wenden und diesem Pfad zwischen Dickicht und Brombeerhecken folgen. Ich wußte auch, daß ich den schrillen Gesang der Käuzchen hören würde, der das Motorendröhnen aus der Höhe unterbrach. Erst einmal an der großen Kurve angekommen, würde ich weiter bergan wandern, ich würde an ein paar neuen Villen vorbeikommen und unter den Fenstern hindurchgehen, aus denen man das aufgeregte Wetterleuchten eines Fernsehers ahnte. Dann würde ich auf den rechten Straßenrand hinüberwechseln, in Höhe des Grotto del Cacciatore, gekennzeichnet durch eine verblaßte Inschrift über der Tür und ein großes rotes Blechschild mit Zigarettenwerbung. Ich wußte, ich würde, weiter bergan steigend, den Rauch aus einem Schornstein riechen, der trotz der Jahreszeit in Betrieb war.

Von dort würde ich den Blick nach rechts wenden und das beleuchtete Panorama der Stadt bewundern, die Lichter auf dem See, das Hin und Her der Autos, die Leuchtschriften des Grand Hotel und der anderen Luxusherbergen, den Berg vor mir mit der schimmernden Trasse der Seilbahn, auf der wir mit Claudio an Sonntagen oft hinaufgefahren sind. Und könnte auch die matten Laternen am Kai sehen und ein paar Boote, die sich noch auf dem Wasser bewegen. Ich wußte, ich würde noch ein Stückchen weitergehen und mich auf einem kleinen kiesbestreuten Platz wiederfinden, unter dem grauen Glockenturm und der weißen Fassade der Kirche. Dort würde ich die Müdigkeit in den Beinen spüren, ich würde mich auf die Bank unter der ersten Zypresse setzen, aber nicht lange, gerade Zeit genug, um Atem zu schöpfen. Heiter und gelassen wollte ich ihm gegenübertreten. Auf der Bank würde ich an sein strahlendes Lächeln denken, und an die Grübchen in seinen Wangen.

Ganz ruhig würde ich aufstehen, doch in der Brust würde ich die Angst fühlen, ihm zu begegnen. Ich würde ein paar Schritte tun, die kleine Gittertür aufstoßen. Mit gesenktem Kopf würde ich zwischen den Gräbern und Kapellen voranschreiten, über den Weg, der ebenfalls mit Kies bestreut war. Ich würde mich nach rechts wenden, gleich hinter der größten Kapelle.

Dort bin ich, nach ein paar Metern, stehengeblieben. Ich habe den schwarzen Marmor gesehen, kaum unterscheidbar von der Dunkelheit, die mich umgab. Auf den schwarzen Marmor habe ich mich gesetzt, die Wange in die offene Hand gestützt, und hab gelächelt wie im Einverständnis. Ich habe die Jacke aufgeknöpft und die Finger in das Innentäschchen geschoben, wo ich einen kühlen kleinen Gegenstand spürte, aus Blech. Ich wußte, was es war, und er wußte es auch. Sachte zog ich den roten Mini Morris hervor, den er sich am vorletzten Tag gewünscht hatte. Den hab ich dann auf dem glatten Marmor ein paarmal hin und her geschoben, auf seinen kleinen Gummirädern. Ich schob ihn vor und streckte den Arm ganz aus und lag beinah auf dem Marmor, der mir wie ein weiches Bett vorkam. Ich hab seine weißen Zähne gesehen, die Grübchen in den Wangen, und habe gelächelt mit ihm.

Lieber Sohn,
als wir Deinen letzten Brief lasen, haben wir zwei Tage geweint. Als wir nicht mehr weinten, haben wir gesprochen. Wir sind überzeugt, wenn Du es richtig machen willst, mußt Du den Jungen hierher bringen und darfst ihn nicht in fremder Erde lassen. Und wir sagen Dir

noch einmal, daß Du nicht fortgehen durftest, weil Dich dort niemand versteht, nicht einmal Deine Frau. Sie will ihren Sohn da behalten, aber sie weiß nicht, daß sie ihm Schlimmes antun würde, weil ich, die Mamma, einen Traum gehabt habe, und in dem Traum weinte der Junge und rief, daß er hierher kommen will. Du mußt Deiner Frau sagen, sie soll nicht mehr zur Beichte gehen, weil es die Seele unseres Kleinen belasten würde. Deine Abwesenheit ist und wird für uns immer eine Tortur in der Seele sein. Abends schlafen wir niemals ein, ohne Claudios Fotografie angeschaut zu haben. Wir liegen im Bett, und mit seinem Foto in der Hand betrachten wir ihn, rufen wir ihn. Wenn er dann antwortet, küssen wir ihn, und erst dann können wir schlafen.

Mein Hirn ist voller Streichungen. Ausgestrichen die Erinnerungen, ausgestrichen die Gesichter. Auch Claudios Gesicht, ausgestrichen. Geblieben ist ein rundliches, vages Lächeln, weiße Zähne, helles Haar, die Augen grün oder blau. Die genauen Konturen sind aber nicht geblieben. Ausgelöscht. Ausgelöscht Sonne und Strand, ausgelöscht jene Tage, ausgelöscht seine Stimme. Ich erinnere mich, daß er an einem Sonntag gestorben ist, einem Sonntag im April. Bei der ersten Wärme, um vier Uhr zwanzig. Und an den Regen. Alles andere ist ausgelöscht. Nichts mehr von Tränen, nichts mehr von Schallplatten, nichts mehr von Kapriolen auf dem Bett.

Nichts. Geblieben ist eine weiße Fläche, locker wie

Schnee, aber Claudio auf diesem Schnee ist verschwunden, hat die Schnur seines Schlittens gefaßt und ihn hinter sich hergezogen. Von hinten sah ich ihn sich entfernen, immer kleiner werden.

Dann bin auch ich verschwunden. In dieser Nacht bin ich noch weitergewandert, am Straßenrand entlang, wo ich geschlossene Tankstellen sah, elegante Männer und Frauen, die aus Nachtlokalen kamen, beleuchtet von Lichtreklamen in allen Farben. Eine Kurve bergauf, und dann ein endloses steiles Gefälle. Ich lief dahin, den Blick nach links gewendet, auf das schwarze Dickicht, das zum See abfiel, manchmal nur zerrissen vom klirrenden Stoß eines Zuges. Ich bin in die Dunkelheit eingetaucht, die zwischen Berg und See ausweglos schien, dann wieder ins matte Licht zurückgekehrt, unter den Loggien eines Dorfes, von wo ich noch einmal ein fernes Schimmern sah.

Ich setzte mich auf die Bank, neben ein Schaufenster mit Körben und Terrakottakrügen, unter einer Laterne, die meinen Schatten auf die roten Steine des Straßenpflasters warf. Ich zuckte die Schultern, spürte meine schweren Beine und blieb sitzen, um zu beobachten, wie die reine Brise meine Müdigkeit fortwehte. Zum erstenmal sah ich die kühle Morgendämmerung über dem See und den grünen Bergen aufgehen.

Ich konnte deine Fußsohlen mit den meinen berühren, dich mit den Fingern kitzeln und mit der Zunge über deine Knöchel streichen. Mich dann herumdrehen und anschmiegen. Ich konnte deinen Busen mit der Hand umfangen, meinen Bauch gegen deinen glatten Rücken pressen, mich anklammern. Dein Haar an meiner Nase und an der Stirne spüren, es sacht wegblasen, bis es wieder zurückfiel, und deinen kühlen Nacken küssen. Dann loslassen und weiter abwärts gleiten über deine Haut, wie du es mochtest, vom Nabel aufwärts wieder, von einer harten Brustwarze zur anderen. Dort hielt ich inne und wölbte meine Hand.

So habe ich geschlafen, so hast auch du geschlafen, und meine Lippen streiften deinen Nacken. Wir dachten nie an eine andre Haltung. Wenn ich mich umdrehte, wußte ich, daß du mir folgen würdest, nachgiebig, die Biegung deines Körpers nach der meinen formend. Du hast den Arm auf meine Hüfte sinken lassen. So. Die Hand ein wenig aufgestützt. Und ich schlief ein, mit deinem leichten Atem in den Haaren.

Meine lieben Eltern,
am Sonntag hatte ich ein Telefongespräch angemeldet, um Euch für 15 Uhr 30 an den Apparat holen zu lassen. Es gab eine gewaltige Verspätung, durch Störungen infolge des Erdbebens, und nach langem Drängen hatte ich erst um 18 Uhr die Verbindung. Der Angestellte auf dem Amt sagte mir, daß Du, lieber Papa, stundenlang gewartet hast und dann gegangen bist. Ich wollte Dich fragen, ob Ihr zu Hause etwas von dem Beben gespürt habt und ob Ihr in Gefahr gewesen seid.

Falls weitere Risiken drohen, sollt Ihr wissen, daß mein Haus Euch immer offensteht. Was die Grabkapelle betrifft, so bitte ich Euch, erkundigt Euch nach den Kosten, damit ich mich vor der Überführung unseres Kleinen darauf einstellen kann. Falls der Betrag nicht allzu hoch ist und die Arbeiten in kurzer Zeit durchführbar sind, werde ich demnächst eine Genehmigung für die Überführung beantragen.

Mir bleibt nichts anderes, als fortzugehen. Fortgehen, aber wohin? Im Grunde habe ich nichts anderes getan, als fortzugehen. Da ist mein regloser Körper, ich sehe ihn von oben, aber ich bin schon lange fort. Hin und her, vor und zurück, wie die dauernden Reisen in meine Heimat. Ein Grün, das zum grellsten Gelb des Sandes verblaßt. Dann umgekehrt, aus der Gluthitze, aus der Bewegtheit des Meeres ins unbewegliche Grün, in den trägen Nebel. Und wieder aus dem Nebel in die Glut, ohne Rast und Ruhe. Ich brachte dich in die karge Erde zurück, weil ich dachte, es sei deine.

Lieber Sohn,
wir antworten auf Deinen lange ersehnten Brief, um Dir zu sagen, daß wir mit dem Maurer gesprochen haben und daß der Vetter Ingenieur einen Plan und einen Kostenvoranschlag für die Kapelle gemacht hat. Wie Du aus den Zeichnungen sehen kannst, die wir diesem Brief beilegen, ist es eine kleine Kapelle aus grauem und weißem Marmor, mit einem Kreuz über

der Pforte. Oben können vier Grabnischen auf jeder Seite eingerichtet werden, und unten bleibt die alte Gruft mit den Särgen der Vorfahren, die schon dort sind. Die Kosten scheinen uns nicht so hoch, aber Du mußt wissen, ob Du sie aufbringen kannst. Wir beide, Papa und die Mamma, wollen Dir nur sagen, daß wir glücklich sein würden, wenn wir eines Tages in einer der oberen Nischen bei unserem Kleinen ruhen dürften.

Ich habe den kleinen Höcker am langen Hals der Giraffe ausgestrichen, eine lächelnde Giraffe mit spitzen Ohren. Mit dem Bleistift ging das ganz einfach. Dann hab ich die schwarzen Flecken ausgemalt und das Gelb aufgetragen. Den Hintergrund wollte ich blau, wie er es gewünscht hätte. Ich nahm ein mehrmals gefaltetes Blatt in die Hand, es war an den Seiten mit Tesafilm zusammengeklebt, und hab seinen Namen entdeckt, geschrieben mit schwarzem Filzstift. Vorsichtig löste ich das Klebeband ab, so daß das Papier nicht kaputtging. Ich klappte es auf und sah eine Frau in einem Kleid, hellblau und dunkelblau, das bis an die Knöchel reichte. Die Schuhe violett, mit Schleifen, die Ärmel kurz und etwas dunkler, die Arme dünn und seitwärts ausgestreckt. Die Augen sind zwei schwarze Pünktchen im Rosarot des Gesichts, die Nase ganz kurz, der Mund lächelnd wie immer. Auf dem Kopf eine dreizackige Krone, aus der die Haare herauskommen: zwei goldene und sehr lange Fäden, die in Wellen den Linien der Arme folgen.

Ich klappte das Blatt weiter auf und breitete es auf der Tischplatte aus. Wieder das junge Mädchen von vorhin, dieses Mal im Profil und mit einem hellblauen Rock, geschmückt mit schwarzen und violetten Wellenlinien, die parallel verlaufen. Aber die Krone ist die gleiche, die gleichen hellen Haare, diesmal in der Mitte zusammengehalten von einer langen violetten Schleife. Daneben, und wieder im Profil, ein Männchen mit langen rot-schwarzen Beinen, mit einem dreieckigen Hütchen und einer schwarzen Feder. Vom schwarzen Hemd, in Höhe des Halses, steht schräg ein leichtes Mäntelchen ab. Ein kurzer Arm mit drei Fingern. Darüber sein Name, gerahmt von violetten und blauen Konfettipunkten, von Girlanden in Orangerot, Blau, Azur und Schwarz.

Irgendjemand bremste und machte die Tür auf. Ich stieg ein und nannte den Namen einer Stadt, irgendwo im Norden. Ich hab nicht gesprochen, schaute die freundlichen Landschaften an, die grünen Rechtecke der Felder, die ordentlichen Häuser, kleine Kirchen auf den noch verschneiten Bergen, atemberaubende Felsen, Plakate, Schafe auf der Weide, Tunnelpassagen in der Höhe. Dann bin ich eingeschlafen.

Als wir in die Stadt kamen, verlangte ich auszusteigen. Zu Fuß erreichte ich, in der Kälte langer, baumgesäumter Alleen, den Bahnhof. Der Bahnhof erschien mir gewaltig, schwarz, riesige Säulen, riesige Gewölbe. Auf einer Bank sitzend, beobachtete ich von der Galerie die Leute, die pausenlos heraufkamen und hinunterstiegen und Koffer und Pappschachteln schleppten, Kinder, Großeltern. Ganze Familien, schlaflos und zerknittert, die ich schon kannte, Frauen mit Schachteln, Säcken, Flaschen. Männer mit Lasten auf den Schultern und weinenden Kindern im Arm, zockelnde schwarze Greise. Graues Licht.

Bis eine kräftige Hand mich an der Schulter faßte und eine Stimme mir befahl, ihr zu folgen. Zwischen den Leuten und den faulen Gepäckträgern mit ihren Karren lief ich Treppen hinauf und hinab, stieg in einen Lastenaufzug, und als die Tür schnaufend aufging, sah ich eine Passage und am Ende einen Saal im Halbdunkel, groß wie eine Turnhalle. Ich hab auf dem Boden geschlafen, wo bereits andere Körper zwischen Urin- und Modergerüchen schliefen. Als ich erwachte, brachte jemand, der deutsch sprach, warmes Essen herein, und beinah all diese Körper standen vom Boden auf.

Meine lieben Eltern,
ich habe eine Werkstatt an der Grenze aufgesucht, wo man Marmor bearbeitet. Habe mit einem Zeichner gesprochen, der mir empfahl, eine größere Nische offenzulassen, in die man den Marmorsarg einfügen kann. Ihr müßtet also dem Maurer sagen, er soll die dritte Nische der vorderen Wand, jene, in der Claudio ruhen wird, nach folgenden Maßen anfertigen: Länge ein Meter sechzig, Höhe siebzig Zentimeter. Jedenfalls sollte es statuenweißer Marmor sein (so die genaue Farbbezeichnung), mit einem Streifen Onyx an der sicht-

baren Wand und einer Bronzeplakette mit einem noch auszuwählenden Muster. Das Gesamtgewicht des Sarkophags betrüge etwa acht Doppelzentner. Ich bitte Dich, lieber Papa, dem Maurer oder dem Ingenieur all dies auszurichten, damit sie mir sagen können, ob es sich durchführen lassen wird. Was die an der Vorderseite der Kapelle anzubringende Plakette betrifft, so werde ich mich hier selbst darum kümmern.

Zwei Augen genügen nicht, und außerdem sind die meinen geschlossen, und ich weiß, sie werden sich nicht öffnen. Die Dunkelheit ist dunkel, zweifellos, und wirbelt um mich her wie eine alte Spindel. Ihr kreiselndes Rauschen brummt in meinem Kopf.

Was der Schnee nicht alles bewirken kann! Als ich ihn zum erstenmal sah, eines Morgens, hat er die Straße verkleinert. Die Straßenbahn war kleiner geworden, die Gleise waren kleiner, die Autos – besonders die Buicks und Chevrolets waren nicht mehr, wie sonst, endlos lang –, die Häuser, die Menschen. Ich dachte, die Welt habe sich zusammengezogen, ausgewrungen durch eine zu kalte Nacht. Hätte ich beim Erwachen eine kopfstehende Landschaft vorgefunden, es hätte mich weniger verblüfft. Ich hielt den Atem an und pustete gegen das tränende Glas. Der erste Schnee lähmte mich: feste Stiefel? dicke Socken? und die Hose? Handschuhe? Ich blieb stehen und schaute und hauchte ans Fenster. Erst am nächsten Tag, als der Schnee mir nicht mehr so fremd vorkam, faßte ich Mut und ging hinaus.

In meinem Hirn ist alles wie ausgelöscht. Ich kann mich nicht erinnern, wie all diese Jahre vergangen sind. Von unten sah ich die große Bahnhofsuhr, und eines Nachmittags, gegen sechs, hab ich ihn angerufen. Danach jeden Mittwoch, insgesamt zehnmal. Ich wollte, daß er zu mir spricht, aber ich wollte nicht sprechen. Das elfte Mal hob er nicht ab. Dann habe ich nicht mehr angerufen, bin aber in diese Stadt zurückgekehrt, um ihn zu sehen.

An jenem Vormittag sah ich ihn aus der Telefonzelle, während er die Zeitung las, stehengeblieben vor der Konditorei, um auf den Autobus zu warten. Hastig blätterte ich im Telefonbuch und wählte die Nummer. Als ich seine Stimme hörte, hab ich nichts gesagt. Er wußte, daß ich zitternd in der Zelle stand, aber er ging an mir vorbei und ist verschwunden.

Wieder bremste ein Auto, die Tür ging auf, ich stieg ein, sah die Landschaften wieder, die Rechtecke der Felder, die Häuser, die Kirchen, die verschneiten Berge, die Felsen, und kam in den Bahnhof. Dann rief ich, ohne ein Wort zu sagen, meine Mutter an. Jeden Mittwoch, um sechs Uhr nachmittags, hab ich mit ihr telefoniert. Sie sprach zu mir, und ich konnte sie kaum hören beim Lärm der Menschenmenge und der Lautsprecher. Sie hörte nicht mal meinen Atem, weil ich die Hand auf die Muschel hielt. Sie hat mich angeklagt und mir verziehen, sie hat geweint, gefleht, gelacht, gebetet, geflucht, geflüstert.

Sie beruhigte sich, erinnerte sich an ihren Vater, an meinen Vater, sie sagte mir, daß es ihr schlecht ginge, und später, daß es ihr besser ging, sie erzählte mir alles, sagte mir, ob es regnete oder die Sonne schien, und wenn sie in Urlaub verreiste, sagte sie mir, wo ich sie anrufen sollte, und ich habe sie angerufen. Ich hab sie auch im Krankenhaus angerufen, als sie eingewiesen war, nichts Ernstes, sagte sie, ich solle ganz ruhig bleiben, sie sprach mir von meinem Mann und von seiner Heimat, von unserer Ehe, von meinem Kind. Sie sagte mir, was sie zu Mittag gegessen hatte und was sie zu Abend essen würde, sie sprach von der Familie, von den Toten und von den Lebenden, vom Haus, das immer in Unordnung sei, von den Mietern, von deren Wohnungen, vom Geld, wie's geht und kommt, von der Schweiz, die auch nicht mehr das ist, was sie mal war, von den Weihnachtsgeschenken, von ihren wenigen Freundinnen, vom Geschäft, von dem neuen Auto, das sie gekauft hat, noch größer, noch bessser, und von dem alten.

Eines Tages sagte sie zu mir: Habe gehört, daß dein Mann krank ist, er liegt im Bett und bewegt sich nicht mehr. Und fügte hinzu: Der Herr hat ihn bestraft für all das Böse, das er uns angetan hat.

Da hab ich alles liegenlassen, bin in den Zug gestiegen und nach Hause zurückgekehrt. Immer noch habe ich, schweigend, mit meiner Mutter telefoniert. Und sie erzählte mir immer noch, ob schlechtes Wetter war oder die Sonne schien. Sie hat nicht gewußt, daß ich seit einem Monat hier bin, in ihrer eigenen Stadt. Niemand weiß es. Ich weiß nicht, wie ich all diese Jahre hinter mich gebracht habe.

Zwei Monate später hat mich der kleine, nervöse Polizeibeamte angerufen. Er sagte, die Taucher hätten im See eine Uhr gefunden. Laut meiner Beschreibung könne es die Armbanduhr meiner Frau sein. Ich ging hin, um sie anzuschauen. Ja, es war ihre Uhr, eine versilberte Longines Herrenuhr, ohne Ziffern und mit vergoldeten Zeigern, einem elastischen Metallarmband, und das Gehäuse, wie ich mich erinnerte, leicht eingedrückt gleich unter der Krone. Ein Geschenk meiner Eltern, als ich mein Diplom machte. Eines Tages hat sie die Uhr genommen und behalten. Mir gefiel die Vorstellung, daß sie sich an ihrem zarten Handgelenk befand.

Der Polizist sah mich nervös an und wiegte sich unentwegt auf den Beinen. Er sagte mir: Unser See hat zwei Superlative, es ist der schmutzigste See in Europa, und es ist der See, in dem die meisten Selbstmorde stattfinden, weshalb die Taucher immer im Einsatz sind. Und oft kommt es vor, während sie eine Leiche suchen, daß eine andere auftaucht, nicht aber die Leiche Ihrer Frau, bleiben Sie ganz ruhig: nach zwei Monaten wäre sie zur Oberfläche gestiegen. Ich konnte aber nicht mehr ruhig bleiben. Der Gedanke raubte mir den Schlaf, und eines Nachts kam ich zu der Überzeugung, meine Frau sei dort unten, aufgedunsen vom Wasser, zwischen schwarzen Forellen und thunfischgroßen Maränen, auf dem schlammigen trüben Grund.

Ziegen kamen vorbei und brachten die Milch, junge Burschen schrien an den Straßenecken: Bohnen, frische Bohnen! Der zweirädrige Karren stand nicht weit entfernt. Frauen kamen herausgelaufen mit alten Lappen, in die sie das frisch vom Feld eingetroffene Gemüse einwickeln würden. Unter ihnen meine Mutter im schwarzen Kittel, mit einem schwarzen Tuch um den Kopf, das die langen Haare zusammenhielt. Die Frauen hatten immer einen Grund, Trauer zu tragen: ein entfernter Onkel, eine Tante, ein Neffe…

Liebste Eltern,
ich habe Euch die restliche Summe überwiesen, die noch für die Grabkapelle zu bezahlen bleibt (67000 Lire). Ihr werdet sie nächste Woche durch die Banco di Sicilia erhalten. Ich habe Fotografien von der Kapelle und vom Grabstein mit dem Bild unseres lächelnden Jungen entwickeln lassen, die ich vor einem Monat aufgenommen habe, als ich kam, um ihn zu bringen. Ihr findet sie in diesem Brief. Zwei Kopien habe ich unter Glas eingerahmt, und sie stehen auf meinem Schreibtisch, so daß ich immer den Ort sehen kann, wo der Kleine seine letzte Ruhe gefunden hat, und mir vorstellen, ihm nahe zu sein. Überflüssig, Euch zu sagen, daß wir zur Zeit in wirtschaftlichen Sorgen stecken, bedingt durch den Bau der Kapelle und die feierliche Beisetzung. Stellt Euch vor, nur die Vorbereitungen der Überführung haben 60000 Lire gekostet. Trotz allem möchte ich nicht meine Pflicht versäumen, Euch die ge-

wohnte monatliche Summe zu schicken. In ein paar Tagen werde ich aber nach Rom schreiben, um mich nach der Invalidenrente für die Mamma zu erkundigen. Meine Frau und ich würden gerne bei unserem Kleinen sein, aber wir sind sicher, daß Ihr es ihm an nichts mangeln lassen werdet. Wir bitten Euch, bringt ihm immer frische Blumen. Für weiße Nelken lege ich 2000 Lire bei. Und, lieber Papa, gebt Claudios Foto auf dem Grabstein von uns einen Kuß. Aber bitte, mach dort nicht jeden Tag einen Besuch, wenn die Gesundheit es nicht erlaubt. Gebt mir Nachricht, ob die sterblichen Reste der Verwandten in den jeweiligen Grabnischen untergebracht worden sind.

Sie ist schön. Ich fand sie schön, sofort beim erstenmal, als ich sie sah. Es muß Mai oder Juni gewesen sein. Keine übermäßige Schönheit, aber verborgen hinter dem schüchternen Blick. Ich sah in ihr ein Geheimnis, das auch geblieben ist, wenn dieser Blick sich öffnete. Ich sah es in ihren dunklen, unsicheren Augen und in der Art, wie sie mit dem Zeigefinger ihr Kinn malträtierte oder sich über die Unterlippe strich. Dann war ihr Blick unstet, als suchte sie etwas in der Umgebung. Ihre Augen konnten die meinen auslöschen.

Schön ist sie und stark wie der Klang ihres Namens, herb, schwingend. Ihre Augen, schwarz, wenn sie den Blick senkt, können einwilligen oder abweisen, ihr Blick ist ein schwingendes Pendel, mal nah und mal fern, er gibt auf und erobert zurück. Wer sie recht anzusehen weiß, dem verraten ihre Augen heitere Gelassenheit und Unruhe. Sie sind gegenwärtig wie die Erde, abwesend wie der verflogene Nordwind. Ihre Hände sind kühl und verlangen nach heißen Händen, doch wenn die Hitze anderer Hände die ihren erwärmt, sind diese ungeduldig, ihre gewohnte Temperatur wiederzufinden. Sie liebt ihre Mutter nicht und sehnt sich danach, Mutter zu sein. Wenn sie es sein wird, wird sie Tochter sein wollen. Doch ihre Mutter wird keine Mutter sein. Im Augenblick mag sie ihre Mutter nicht, und ihre Mutter mag sie nicht. Später werden sie sich suchen.

Sie ist schön, ihre Arme sind glatt und erwarten, liebkost zu werden, ihr Haar ist schwarz, und das gefällt mir. Zwischen uns beiden hat sich ein zartes Spiel entwickelt, höchst lustvoll, ohne Überfall noch Gewalt, ein Spiel von Andeutungen und raschen Blicken. Manchmal hab ich sie lange angeschaut und mir gewünscht, ihre vorspringenden weißen Zähne zu küssen. Ihre Augen sind groß, und das gefällt mir. Sie können voll Traurigkeit sein und beinah vergnügt, mal flink und mal reglos wie Steine. Sie können verlangen, ohne zu akzeptieren, sie fordern nicht und geben sich nicht zufrieden.

Mit ihr habe ich die schönsten Stunden verbracht, in diesen Monaten liebte ich den Park, den See, die engen Gassen im Zentrum, die Pfade, und in den Tälern zeigte sie mir den Türkenbund und die Glokkenblume. Dann ist sie geblieben, und alles andere verschwand. Wir haben geredet und geredet, sie sagte, ich stellte zu viele Fragen, doch es gefiel mir, sie in Verlegenheit zu bringen und ihre Wachsamkeit auf die Probe zu stellen. Sie war stark, und auch wenn sie errötete, ließ sie sich nicht überrumpeln. Vielleicht gefiel es ihr, auf die Probe gestellt zu werden. Manchmal bemerkte ich ein nachgebendes Erschrecken. Und womöglich war dies Erschrecken der Grund für unsere ersten Begegnungen.

Nie mehr Bahnhof! Nein, nein. Ich will nicht zulassen, daß meine Gedanken deine Reglosigkeit mißbrauchen. Keine Säle mehr unter Gleisen, keine bebenden Wände und Decken. Zehn Bahnhöfe, hundert Bahnhöfe. Ich habe den Eiffelturm gesehen, Paris zu meinen Füßen ausgebreitet, ich hab die Eichhörnchen in den Parks von London gefüttert, habe Arbeit gefunden am Atlantik, dann in einer einsamen Fabrik in Limerick, und am Shannonfluß hab ich eines Morgens einen Lachs geangelt. Ich hab auch den Prater gesehen. Ich bin die Kanäle Venedigs entlanggelaufen. Bin zurückgekehrt zu den Olivenbäumen Liguriens, zusammen mit unserem Kind habe ich das flüssige Blau der Nacht geatmet. All das habe ich gesehen, was ich mit dir zusammen sehen wollte. Aber Geduld, wenn du mich nicht umarmtest, Geduld, wenn du mich nicht verloren wußtest. Ich habe bei einer Familie an den Forellenteichen von Saint-Gilles gewohnt, hab die Corrida de toros gesehen, habe gearbeitet. Mein Kind war bei mir: beim Spazierengehen am Malecon, in den Urwäldern

Amazoniens, wo ich rosa Wildschweinchen und Papageien sah, beim Modellieren in Ton, beim Melken der Kühe, zum Schlafen in Klöstern, in den Gewächshäusern, wo ich Bäumchen pfropfte und Stecklinge pflanzte, an den Werkbänken, wo ich die Farben der Blumen auswählte. Beim Telefonieren mit meiner Mutter, jeden Mittwochnachmittag.

Seine Hand hat einen blauen Stift genommen und einen Kreis gemalt. Dann hat sie einen roten Buntstift genommen und unter den Kreis eine Rechteckform mit abgerundeten Ecken gemalt. Seine Hand malte die Formen aus: rosa den Kreis, orangerot das Rechteck, von dem seitwärts zwei Arme ausgingen. Seine Hand hat einen schwarzen Stift genommen: der Mund, die Augen, das gewellte Haar, die Ohren. Von der Grundlinie des Rechtecks ging senkrecht eine Linie aus, endend mit einem Bogen, der Fuß. Die Gestalt hängt nach links, aber die ausgestreckten Arme suchen das Gleichgewicht, und der breite Mund drückt Gelassenheit aus.

Seine Hand wird wohl zuerst den Kopf gezeichnet haben, oder den plumpen Rumpf, oder aber die bedenkliche Linie des einen Beines? Mir gefällt die Vorstellung, wie diese Hand entschlossen nach unten fährt: seine Hand hat die klaren Konturen gezeichnet, während die andere, gespreizt, das weiße Papier festhielt und es vielleicht, versehentlich, an der unteren Ecke geknickt hat, die noch immer leicht aufgewölbt ist.

Seine Augen haben diese hängende Figur angeschaut, aber vielleicht sahen sie sie nicht als schief, vielleicht sahen sie zwei Beine, sahen ein Lächeln um den breiten Mund und auf der weiten Stirn. Dann kehrten sie wohl zurück zu dem vorigen Bild, wo sich Blautöne ausbreiten, und der Rest ist hier und dort rotbraun gefleckt, vom Wasser. Ein roter Fleck dringt in das Blau, um sich darin aufzulösen. Frei geblieben sind kleine weiße Stellen. Über dem gelben Hirschgeweih türmen sich drei himmelblaue Wolken. Der Hirsch ist dick wie eine schwangere Kuh. Die Augen schwarz, die Schnauze rot, seitwärts die schwarzen Ohren. Die Sonne schickt schräge und wuchtige Blitze über das Blatt. Ein einfacher Strich, kobaltblau, überzieht den oberen Rand.

Als aber die Nacht allmählich heller wurde, hab ich beschlossen, noch einmal anzuhalten. Anders als ein auf einen Zug getrunkener Trank war diese Reise endlos. Und während Licht ins Dunkel drang, spürte ich meine Müdigkeit, den trockenen Mund, den schmerzenden Rücken. Wir sangen Siamo i watussi, und Stessa spiaggia stesso mare. Keine Spiaggia mehr für dich, kein Strand und kein Meer. Ich brachte dich heim in meine trockene schwere Erde.

Ich lachte: Wir waren keine wilden Watussi, weder du noch ich. Auch wenn ich dich in Gedanken immer erwachsen gesehen habe. Es gelang mir nicht mehr, dich als Kind zu sehen, und auch jetzt fiel es mir schwer, dich wiederzuerkennen, klein wie du warst. Nicht, daß ich deine Größe und dein Gewicht nicht gekannt hätte (ein Meter zehn, einundzwanzig Kilo). Aber ich brauchte nur in den Rückspiegel zu schauen, ihn etwas abzukippen, um mir bewußt zu machen, wie klein du warst, und doch hab ich dich in meiner Vorstellung hartnäckig als Erwachsenen gesehen, als hätte dir der Tod, statt dir deine wenigen Jahre zu rauben, auf einen Schlag ein paar Jahrzehnte gelebten Lebens geschenkt.

Aber dann, im Phosphorschimmer des Morgengrauens, beschloß ich, einen Umweg zu machen. Du hast mir die Straße eingeflüstert, wie du es tatest im Jahr zuvor.

Ich bog von der Landstraße ab und nahm den ersten Feldweg, wir rochen den Duft wilder Kräuter, der durch das Wagenfenster drang. Wenn wir weiterführen, würden wir ans Meer kommen, das ich in aller Klarheit sah, während eine kühle Sonne aufging. Auf immer engeren Feldwegen drang ich vor und hörte dornige Zweige über das Blech schleifen und über die Fenster streichen. Wir sprachen nicht mehr, aber in dieser gellenden Stille hab ich deinen fragenden Atemzug gehört. Vielleicht wußtest du schon. Wurzeln schlängelten sich über die sandige Erde, und als die Olivenbäume dichter standen, schaltete ich den Motor ab. Das Klappen der Wagentür erschreckte die salzige Stille.

Ich hab den Kofferraum geöffnet und herumgekramt und die Werkzeugtasche gesucht. Ich zog den rauhen Duft der silbrigen Felder ein, zwischen Meer und wildem Rosmarin. Ich dachte, ich kenne diese Gegend Kalabriens nicht, aber sie war mir gleichwohl vertraut. Dann habe ich geräuschlos die hintere Wagentür aufgemacht und den hölzernen Kasten angeschaut, massives Holz, gut geschliffen.

Ich erinnerte mich an den letzten Abend: dein Kopf im weichen Kissen versunken, auf den Knien deiner Mutter, die dein Haar streichelte. Will nicht ins Krankenhaus zurück, hast du gesagt. Ich hab es dir versprochen. Mein Vater, stumm auf dem Beifahrersitz, sein grauer Schnurrbart. Die lange Fahrt, und du: Wann werden wir ankommen? Wann werden wir ankommen?

Ich hab den Kasten angeschaut und mir gedacht: Wie klein du bist. Dann nahm ich den dicksten Schraubenzieher zur Hand. Es brauchte einige Mühe und einen harten Schlag, um die Nägel zu lösen. Ich hob den schweren Deckel ab und legte ihn sacht auf die dunkle Erde.

Deine Sprüche. Du sagtest: Der Papa hat zweiundvierzig Zähne. Dann riefst du, in unserem alten Fiat Seicento: Fahr nicht so schnell, weil, wenn du schnell fährst, tut mir das Pipi weh. Du hast gefragt: Mamma, wachsen auch die Pantoffeln?

Die Pantoffeln liegen noch im Schrank neben der Wohnungstür. Ich habe sie angeschaut, sie gehörten zu ihm, zu seinen weißen Füßchen, so klein geblieben wie seine wollenen Pantoffeln. Du fragtest mich: Sag mal, sind Liebesküsse ansteckend? Ja, sie sind ansteckend.

Er hat stillgehalten auf meinen Knien, während ich an seinen zarten Öhrchen knabberte. Hat den Kopf an meine Schulter gelegt und ist eingeschlafen.

Ich hab's dir gesagt. Mitten entzweigerissen fühlte ich mich. Eine Hälfte war bei dir, die andere gehörte meinen Gedanken. Ein Teil blieb dir nah, der andere lief durch die fremden Straßen der Stadt, blieb mal stehen, um Schaufenster anzusehen, lauschte der klagenden Stimme der Mutter, las die Briefe, in denen du jetzt blätterst, wie du da sitzt an meinem Bett, ging allein spazieren auf dem Platz vor der Seilbahn, wartete auf die Nacht, um auf den Friedhof zu gehen und mit seinem Kind zu spielen.

Dieser Teil von mir wollte ein Haus in seiner Heimat bauen, um für immer dort zu leben. Um vier Wände zu haben und darin als Hausherr zu wohnen: ein Haus zu besitzen, in dem man bei sich zu Hause wäre, um alt zu werden mit dem Verputz der Wände, um im Atmen der Wände den eigenen Atem wiederzuerkennen. Geblieben ist von dem Haus, in dem ich hätte wohnen wollen, ein nacktes Gerüst am Ufer des Meeres. Aber auf mich wartet ein anderes Haus, warm und gastlich unter der Sonne, die von früh bis spät niedersengt: es ist das Haus aus Marmor, und darin wohnt mein Kind.

Mußt nur hinausgehen aus dem Dorf, dich auf den Weg machen nach dem kahlen, von Sarazenenhöhlen durchlöcherten Berg, dich nach links wenden und das Land überblicken, auf dem noch immer lebendig der mächtige Johannisbrotbaum meiner Jugendzeit steht, den straßengleichen Bahndamm überschreiten und weitergehen auf der von Mandelbäumen flankierten Straße. An einem bestimmten Punkt wirst du zur Rechten ein Gittertor sehen, rot vom Rost, und Grabkapellen aus weißem Stein, ihre spitzen Dächer, Kreuze aus Schmiedeeisen und andere Gräber zu ebener Erde.

Bleib nicht stehen, um auf Wasser aus dem Hahn zu warten, tauch deinen Blecheimer in eines der beiden Becken am Eingang, achte nicht auf den Modergeruch der welken, beiseite geräumten Blumen. Auf dem Mittelgang wird dein Fuß auf trockenen Sand treten, und deine gesenkten Augen werden zerfallende Einfriedungen sehen, all die in Stein gemeißelten Namen, Plastikblumen, vergilbte und manchmal erschreckende Fotografien. Du wirst weitergehen bis ans Ende, wo ein prunkvolles, weißes barockes Bauwerk thront. Du wirst dich fürchten davor, doch du mußt links vorbeigehen, wo der schon schmale Weg noch enger wird und sich verläuft. Noch immer links dehnt sich die flache Reihe von Steinen und Marmortafeln, noch weiter draußen die dürren Wiesen mit schiefen Kreuzen aus Holz, die Gemeinschaftsgräber der im Krieg Gefallenen.

Gehst du dann ein paar Meter nach rechts, so wirst du unser graues, bescheidenes Haus sehen. Mach ruhig die Glastür auf und erschrick nicht, wenn vor dir, auf halber Höhe, Claudios Lächeln und seine kleinen, unter dem Kinn gefalteten Hände erscheinen.

Ich habe dennoch meine Füße angeschaut. Zwei zerschlissene Pantoffeln, dicke Wollsocken. Zwei Monate lang sind diese Füße über den dunklen Marmor des Bahnhofs geschlurft, über Treppen, zwischen knarrenden Rollkarren und fremden Menschenmengen, in nassen Aborten und großen Wartesälen. Auf Pappkartons haben diese Füße geschlafen, auf Bänken, auf kalten Fußböden. Sie schleppten meinen Schritt in schmutzige Winkel, gingen umher auf der Suche nach einem warmen Getränk, führten mich in einen alten Waggon aus Holz und mit schweren Gardinen, wanderten durch die Unterführung, wo sie die Decke zittern sahen unter dem Rattern der Züge. Zwei Monate lang saßen sie vor rußigen Glastüren, jeden Mittwoch um sieben machten sie halt in einer gläsernen Zelle.

Dann hat eine Frau mich an der Hand gefaßt und mitgenommen. Ich habe all das gesehen, was ich mit dir hätte sehen wollen. Unsere Städte, das Land, alle Meere. Es war ganz leicht. Wie wenn du die ausgebreiteten Landkarten auf unserem Küchentisch anschautest, mit dem Finger zeigtest und dich wie durch ein Wunder an einem bestimmten Ort befändest. Dann aufbrächest und einen anderen Punkt wähltest. Es war leicht.

Mit dir schien es mir anfangs ganz natürlich, in unbekannten Hotelzimmern zu sein, sich auszuziehen, stundenlang aufeinander zu liegen und unsere kindlichen Schultern zu betrachten, unsere Augen im Halbschatten, deine Hüften zu liebkosen und deine

Hände auf meiner entblößten Brust zu spüren, während auf den Straßen Motoren brummten, Hupen tönten und Untergrundbahnen die Wände erbeben ließen. Dann aber wurde alles kompliziert, und ich glaubte, das Ziel unserer Reise würde immer dasselbe bleiben, das wir schon auswendig kannten: diese niedrige Wohnung, oder der Strand deiner Heimat, die flachen Häuser deines Dorfes, die kerzengeraden Straßen vom Bahnhof zum Meer und vom Meer zum Bahnhof. Nichts Neues, für uns.

Meine Mutter sprach immer von den Toten. Ging auf Begräbnisse, auch von unbekannten Verstorbenen, aber als Claudio starb, war sie nicht da. Sie hat mir erzählt, daß ein Junge, in einem Tal über der Stadt, das Sturmgewehr aus dem Schrank holte und sich in der Badewanne durchs Herz schoß. Seine Mutter, sein Vater und sein Bruder waren ein Jahr vorher durch die Explosion eines Heizkessels umgekommen. In der Schweiz, sagte sie, müßte der Gebrauch von Gasheizungen verboten sein.

Meine Mutter erzählte mir, man habe die Rettungsmaßnahmen eingestellt, weil der Eishang auf einer Breite von zweitausend Metern weiter abrutschte. Keine Hoffnung für die lebend Begrabenen, hatte sie in der Zeitung gelesen. Sie hat auch alle Namen in der Zeitung gelesen: siebenundzwanzig unter den achtundachtzig Toten sind Schweizer, sagte sie mir. Sie gab dem Pfarrer zweitausend Franken, um den Familien zu helfen. Die Lawine hat die Arbeiter überrollt, die am Staudamm arbeiteten, und fünfzehn Meter Eis bedeckten die Baracken. Im Fernsehen sah sie den Himmel voller Hubschrauber und die Straßen voll Kranken- und Leichenwagen. Sie weinte, als sie Männer und Frauen aus Nachbardörfern im eisigen Scheinwerferlicht mit Schals und Decken herbeilaufen sah. Sie hörte einen Arbeiter die Schweiz verfluchen, die Berge, das Geld, die Bauarbeiten. Ein anderer hatte geschrien, man wisse, daß es eine gefährliche Arbeit sei, und alle hätten immer den Berg und die Geräusche, die er machte, beobachtet.

Solche Unglücksfälle können überall passieren, hat meine Mutter gesagt, nicht nur in der Schweiz, und wenn die Leute von weither kommen, um eine so schwere Arbeit zu machen, so geht es ihnen in ihrer Heimat noch schlechter, und sie verhungern oder finden durch Verbrecher den Tod. Im Grunde verdienen sie hier ganz gut, auch wenn sie elf Stunden täglich arbeiten. Sie haben nicht mal was gemerkt, sagte sie, weil alles in Bruchteilen von Sekunden passierte. Sie sagte, in der gesamten Schweiz sei der Notstand ausgerufen worden. Sie sagte, Papa hat für die Toten gebetet, und auch wir sollten für sie beten.

Ein Männchen, zwei Beine, zwei Arme, aber nur eine Hand, gespreizt wie ein Sternchen. Ein blauer Hut. Rechts hält sich eine braune Masse auf kleinen Füßen aufrecht: es könnte ein zweirädriger Karren sein, eine Kuh oder ein Pferd. Ich habe beschlossen, daß es ein Karren ist, also streiche ich die Füße aus und zeichne zwei schöne schwarze Räder. Links davon ein rotes Haus mit steilem Dach, am Giebel abgerundet, und einem blauen Kamin, aus dem grauer Rauch aufsteigt, wie eine Feder. Auch das Haus hält sich auf zwei schwächlichen Beinen aufrecht.

Ich streiche sie aus. Die Fenster, braun, sind sieben an der Zahl, nicht alle auf gleicher Linie. Den oberen Rand überziehen breite hellblaue Streifen. Seine Hände haben all dies gemalt, was jetzt meine Augen sehen. Ich frage mich: wo sind seine Hände, seine so zarten, sicheren Finger, seine Augen, die dieses Männchen gesehen haben, diesen Karren, das Haus, den Rauch?

Ein weiteres Blatt, zerknittert. Nicht eine Sonne, sondern zwei. Die eine, links, hat grüne und himmelblaue Strahlen nach oben, die unteren, orangerot, öffnen sich wie große Scheren. Die zweite, rechts, ist ein roter Ball voll grüner und schwarzer Punkte. Die Strahlen, kurz und gelb, sind von Violett umgeben. Am Himmel, der blau das Blatt bedeckt, fliegen Blumen mit langen Stengeln, ähnlich wie schwebende Luftballons.

Das Gras ist schwarz, und aus dem Gras erhebt sich eine ovale Form, gelb, darüber ein weißer Kopf. Mund und Augen sind grau. Alles in allem ein fröhliches Bild, aber das Himmelblau ist zu dicht, wie eine milchige Flüssigkeit, die alles einhüllt: die erste Sonne, die andere, ihre festgenagelten Strahlen, die Blumen, die Vögel mit kleinen Flügeln, wie Flossen.

Bin zufrieden mit diesem Bild. Vielleicht ist auch er damit zufrieden gewesen.

Ich sah, wie die salzige Brise das Laub bewegte. Gern hätte ich den alten Olivenbäumen meine Müdigkeit anvertraut. Ich setzte mich auf die Erde, den Rücken an einen knorrigen Stamm gelehnt. Ich fragte dich: Spürst du sie, die Meeresluft? Ja, ich spüre sie, hast du gesagt. Zwischen den Zweigen wich das transparente Himmelsblau einem helleren Blau. Mit dem Hammer führte ich kräftige Schläge gegen die Fugen im Zink, und schon sah ich einen breiten Spalt klaffen. Ich betrachtete das weiße Zink und das vergoldete Kreuz. Ich summte vor mich hin, um mir Mut zu machen. Nach jeder Pause dröhnte ein harter Schlag, und bei jedem Schlag öffnete sich der Spalt etwas weiter. Ich sagte zu dir: Entschuldige, es ist unvermeidlich. Du hast gelächelt. Du wußtest wohl, daß der Hammer notwendig war. Ich sah die blanken schwarzen Schühchen, dann, weiter oben, weißen Samt und gewellte Seide, schließlich das Kissen. Die Kutte war flach gedrückt auf den dünnen Beinen, aber nichts hatte sich verändert, nur das Gesicht war wächsern geworden. Alles andere, das Haar, der schmale Mund, die halb geschlossenen Augen, die Wimpern, das fliehende Kinn, war vertrocknet wie die Schale eines Apfels, der Monate lang in einem Obstglas vergessen war. Im Scherz sagte ich zu dir: Dünn bist du geworden. Du hast gelächelt wie ein müder Engel.

Heute hat meine Mutter mir von ihrem Mann erzählt. Sie erinnerte mich an die Tage im Krankenhaus, an den leeren Blick vor dem Küchenfenster, den Rollstuhl, seine zitternden Hände, an seinen Rücken, so krumm, daß die Nase die Knie berührte, den aus den Mundwinkeln fließenden Speichel. Eines Tages, sagte sie, fand sie ihn aufrecht auf zitternden Beinen, er habe gelächelt und etwas gestammelt. Am nächsten Morgen, sagte sie mir, habe sie nur das offene Fenster gesehen und einen Pantoffel, umgekippt auf dem Teppich, und vor dem Fenster den Körper meines Vaters, rücklings auf dem Garagendach, fünf Stockwerke tief.

Sie sagte, sie habe den Aufprall auf dem Kies nicht gehört. Dann sprach sie ein Gebet, und am Schluß bat sie mich, mich zu bekreuzigen. Sie hat geweint, als sie sich an ihre Tränen erinnerte. Danach war ihr ganzer Zorn wieder da. Und dann sprach sie von meinem Mann. Sie sagte zu mir: Als wir hörten, daß du ihn heiraten wolltest, sind wir verrückt geworden, ich und dein Vater. Du mußt bedenken, daß wir ihn nicht akzeptieren konnten, hergelaufen von irgendwo, und ohne Beruf.

Sie erinnerte mich an all ihren Kummer: wie sie mich ins Zimmer einsperrte und ich, um hinauszukommen, das Glasfenster in der Tür eingeschlagen habe, wie sie mit der Polizei telefonierte, um zu erfahren, wer er sei, was er arbeite, woher er komme, wie sie die Briefe las, die er mir geschrieben hat, wie sie begriff, daß ich nicht verstehen wollte, wie sie all diese Kerzen für die Madonna anzündete, wie sie mit ihrem Beichtvater sprach, wie sie den Fußboden und den Sessel mit Salz bestreute, die Türschlösser auswechseln ließ, einen Nachtwächter dafür bezahlte, daß er unsere Wohnung bewachte, wie sie, zu meinem Besten, auf der Gemeinde anrief und verlangte, ihn in seine Heimat zurückzuschicken, weil er ein Dieb und womöglich ein Mörder sei.

Sie erinnerte mich daran, daß sie drei Monate in einem Sanatorium der deutschen Schweiz verbracht hat, um all diesen Kummer zu vergessen. Dann legte sie auf.

Im ersten Sommer, zusammen mit meiner Frau, habe ich mich geschämt für die Art, wie er aß und durch die Gegend spuckte. Er sagte mir gleich: Deine Frau gefällt mir nicht. Nie hat er sie direkt angesehen. Um sich mit ihr zu verständigen, sprach er zu mir. Sah mich an, sagte, Brot, und schon lief sie das Brot holen. Auch meiner Mutter hat meine Frau nicht gefallen. Anfangs wurden die Geräusche meines Vaters, die mir nie aufgefallen waren, immer noch lauter, und ich beobachtete meine Frau, um den Abscheu in ihren Augen zu sehen. Sie schien jedoch gleichgültig gegen das Krächzen aus der Kehle und den präzisen Strahl, der darauf folgte. Eines Tages fing auch meine Mutter zu spucken an: in kurzen Zügen holte sie Luft, fünf bis sechs mal, dann wölbte sie plötzlich die Lippen und ließ einen weichen Auswurf fliegen, einen trägen und breiten Strahl. Auch die sieben

Schwestern meines Vaters haben aus Leibeskräften gespuckt, in schwarzen Kleidern auf wackligen Stühlen vor ihren Türen sitzend.

Jetzt höre ich ihn, in einer Sommernacht, auf den Korridoren herumlungern. Höre ihn schnaufen und sein Geräusch ausstoßen, lang wie ein Schrei, der aus den Lungen aufsteigt und durch die schwüle Dunkelheit schneidet. Er bewegt sich mit schweren Schritten, ich weiß, er sucht einen kühleren Winkel, den er nicht finden wird, und zieht seine Roßhaarmatratze hinter sich her. Ich weiß, er wird wiederkommen und sich auf seinem Bett ausstrecken, fluchend und mit den Fäusten gegen die Wände hämmernd.

Ich hab meine Füße angeschaut, die zerschlissenen Pantoffeln, die dicken Wollsocken. Ich sah sie die Marmorstufen hinabsteigen, den Bahnhof verlassen, durch die Straßen der grauen Stadt wandern, zwischen eiligen Menschen. In der Stadt war ich in Sicherheit, konnte meine müden Füße weiterschleppen, mich auf Parkbänken niederlassen, konnte die Farben der Kastanienbäume betrachten, konnte das dürre Laub unter meinen Schritten rascheln hören oder auf der Brücke stehenbleiben und den trägen Fluß beobachten.

Zum Schlafen konnte ich zurück in den großen Saal. Niemand stellte mir Fragen. Aber eines Tages nahm eine Frau mich bei der Hand und fuhr sehr weit mit mir im Zug. Nie hatte ich geglaubt, daß die Welt auch dort so war, wie ich sie mir beim Anschauen der Landkarten vorgestellt hatte. Sie war es, und ich schöpfte Mut. Ich sah hohe Dächer vor dem dunklen Hintergrund des Himmels, schwarz geteerte Terrassen, Blumen auf den Balkons, Schornsteine, einen Wald von Antennen.

Meine Mutter begriff, daß ich in eine andere Stadt gezogen war. Manchmal fragte sie mich, wo ich sei, doch ohne Antworten zu erwarten. Ihre Stimme, so träg wie das Wasser im Fluß, wußte, ich würde den Strom ihrer Klagen nicht unterbrechen. Und je mehr ihre Stimme flehte, desto mehr füllte mein Schweigen die gläserne Zelle und löschte mein Hirn aus. Dieses Schweigen hat mich geschützt, hat mich unbesiegbar gemacht. Jeden Mittwoch trat ich in die gläserne Zelle und atmete das Schweigen. Ich füllte mir damit die Lungen, spürte es in die Adern dringen, meine weiße Haut überfluten. Dann, am folgenden Mittwoch, blähte dies unerträgliche Gejammer wieder die Stille in meinem Hirn. Und ich wußte, es war genug für eine Woche.

Eines Tages, beim Schlangestehen vor einem Bahnhofsschalter, sah ich den rasierten Nacken meines Jungen. Ein offener Nacken, der hohe Fassonschnitt seiner Haare ausgedünnt zum Hals hinunter, der von der Falte eines grünen Hemdchens kaum verdeckt war. Seine schmalen Schultern leicht gebeugt, der Rücken eines Erwachsenen in einem kleinen, doch kräftigen Körper. Ich sah meinen Jungen vor mir. Er trug eine schwere graue Hose, feste Bergstiefel und eine Jacke aus derbem Stoff. Geduldig wartete er, bis er an die Reihe kam, reglos und schweigend. An seinem gebeugten Rücken sah ich, wie müde er war.

Wieder sah ich den offenen Nacken, kaum erkennbar zwischen den Schultern der sechs oder sieben Personen, die mich von ihm trennten. Ich unterdrückte meinen Impuls, rasch nach vorne zu stürzen, meine geringen Kräfte zusammenzunehmen, ihn an den Schultern zu fassen und mit ihm zu weinen. Dieser Nacken, so kindlich trotz angegrauten Haars, die Furcht vor der Fremde, die ich in seinen hängenden Schultern ahnte, die vollkommene Rundung des Kopfes, die Runzeln am Hals. Ich spürte den Boden unter meinen Füßen nachgeben, fühlte einen Knoten im Hals aufsteigen und dicke Tränen, die sich zwischen meinen Lippen sammelten. Er war es: ich zweifelte nicht, erwachsen und verloren wie ein zu früh verlassenes Kind. Vorbei an den wartenden Reisenden schob ich meine Füße vorwärts, der hartnäckige Widerstand der Leute machte mich schwanken, meine Hand umklammerte das Handgelenk meines Kindes, und einen Moment blickte ich in seine weit offenen, müden Augen.

Ich habe Angst. Diese Reglosigkeit erschreckt mich, das Rascheln der Papiere scheint mir eine Ankündigung, die Dunkelheit drückt auf meine Schläfen. Die Frau, die einmal meine Frau war, ist zurückgekehrt, um zwischen diesen niedrigen Wänden umherzugehen. Ich höre die Schleuder der Waschmaschine,

Schritte von oben, ein Pochen gegen die Mauern. Mein Kind, das auf dem Hof schreit, den Ball, der gegen die Garage prallt. Ich sehe die langen, braunen Schaben im Stollen neben der Küche und rieche den herben Geruch der Ricotta. Ich sehe Ballen von Schafskäse an der geschwärzten Decke hängen, den Ölkrug, und in das Öl eingetaucht das baumelnde Säckchen, in dem mein Vater sein Geld aufbewahrt.

Ich sehe den Oberleutnant und riesige Fußstapfen im Schnee, sehe all die jungen Frauen am Bahndamm arbeiten, sehe den Schritt meines Vaters, die Feldmauern entlang, die voll von Indienfeigen und Schnecken sind. Den spitzen Stock seiner krumm auf dem Stuhl vor der Haustür sitzenden Schwester, wie er die Küchenschaben aufspießt, und sehe ihre groben schwarzen Strümpfe an den geschwollenen Füßen, so dick wie Auberginen. All die Zeichnungen: eine rundliche Masse, blau und schwarz gestreift, die sich auf zwei dünnen Beinchen und zwei großen Füßen aufrecht hält. Zwei Arme seh ich, die seitwärts abstehen und enden in einer schwarzen Sonne von tausend Strahlen.

Ich sehe Reklametafeln in rascher Fahrt auf der Autostrada vorbeiziehen, seh die gebleckten Zähne meiner Mutter. Ich sehe das zusammengefaltete Taschentuch unter dem Kinn meines Kindes, seine wächsernen Lippen leicht geöffnet, die langen Wimpern, die blanken Schühchen. Ich sehe deinen schmächtigen Busen und die Arme an den zierlichen Hüften.

Jetzt frage ich mich, warum ich zurückgekehrt bin. Meine Mutter sprach vom Geschäft, dann flehte sie zu ihren Toten. Am ersten Sonntag im November, sagte sie, wird die Familie sich, wie jedes Jahr, im Hause auf dem Land versammeln, um den Rosenkranz zu beten. Danach werden die Männer, wie jedes Jahr, Kastanien auf die Glut werfen, im großen Kamin. Die Neffen und Nichten werden im Garten spielen, dann Apfelsaft trinken. Sie werden zwanzig Franken pro Kopf erhalten, wie es der Großvater wollte. Sie werden einen netten Nachmittag verbringen. Meine Mutter sprach auch von dem neuen Bischof und seiner ersten Predigt in der Kathedrale von San Vincenzo, der Geld an die Armen verteilt. Sie lächelte beim Gedanken an den Spaziergang vom letzten Samstag mit ihrem Bruder und ihrer Schwägerin und sagte, sie hätten viele Steinpilze gefunden, es sei ein günstiges Pilzjahr. Sie hat geweint, weil sie nicht weiß, wo ich bin, hat sich aber beruhigt bei dem Gedanken, daß ich sie jeden Mittwoch anrufe, und gesagt, daß es ihr nichts ausmacht, wenn ich nicht sprechen will. Sie gibt sich zufrieden, und auch der Pfarrer hat gesagt, sie soll dem Herrn danken. Sie dankt ihm jeden Morgen und jeden Abend. Sie sagte mir, auch ich soll beten.

Es ist schon lange her, daß ich nicht spreche. Manchmal lese ich mit leiser Stimme deine Briefe, und sie zu lesen scheint mir wie ein Gebet. Vielleicht hat deine Reglosigkeit die Klage meiner Stimme vernommen. Irgendwann haben meine Worte das Schweigen durchbrochen, sie haben zu meiner Mutter gesagt: Laß die Schlüssel in deinem Wagen; laß den Wagen auf dem Parkplatz vor der Post stehen, ich werd ihn nehmen für drei Tage, am vierten Tag findest du ihn dort wieder. Nimm den Rücksitz heraus, denn ich brauche Platz. Ich hörte ihr Herzklopfen im Knistern der Leitung und legte den Hörer auf. Dann habe ich den Zoll angerufen und um die Formulare gebeten, die für den Grenzübertritt auszufüllen sind. Ich habe Maß genommen und einen Zinksarg bestellt.

Es wird eine lange Reise werden: vielleicht werde ich mit dir sprechen und Radio hören und trällern, ich werde dich im Rückspiegel sehen. Ich werde halten, um zu tanken, vielleicht ein Brötchen essen.

Ein leichter Wind ist aufgekommen, der an die Fenster klopft. Da werden keine tiefen Wolken hängen. Es wird nicht regnen.